ANTHONY DE MELLO

Der springende Punkt

WACH WERDEN UND GLÜCKLICH SEIN

Aus dem Englischen übersetzt
von Irene Lucia Johna

Illustrationen von Jules Stauber

HERDER

FREIBURG · BASEL · WIEN

Titel der Originalausgabe:
Awareness
A de Mello Spirituality Conference
in his own Words

© by the Center of Spiritual Exchange, 1990
Published by Doubleday,
a Division of Bantam Doubleday Dell Publishing Group, Inc.
New York, N. Y. 10103

Die Bücher von Anthony de Mello entstanden in einem multireligiösen
Kontext und sollten Anhängern anderer Religionen,
Agnostikern und Atheisten eine Hilfe bei ihrer geistlichen Suche sein.
Dieser Intention des Autors entsprechend, sind sie nicht als
Darstellungen des christlichen Glaubens oder als Interpretationen
katholischer Dogmen zu verstehen.

10. Auflage als erweiterte Neuausgabe 2000

Umschlaggestaltung: Finken & Bumiller, Stuttgart
Umschlagmotiv: Zefa, Daryl Benson

Alle Rechte vorbehalten – Printed in Germany
© Verlag Herder Freiburg im Breisgau 2000
Gesamtherstellung: Clausen & Bosse, Leck
Gedruckt auf umweltfreundlichem,
chlor- und säurefrei gebleichtem Papier
ISBN 3-451-27323-3

Inhalt

Vorwort des Herausgebers

Tony de Mello wurde einmal von Freunden gebeten, seine Arbeit mit ein paar Worten zu beschreiben. Daraufhin stand er auf und erzählte eine Geschichte, die er auch später bei Vorträgen gern wiederholte. Ich war sehr erstaunt, als er sagte, die Geschichte beziehe sich auf mich.

»Ein Mann fand ein Adlerei und legte es in das Nest einer gewöhnlichen Henne. Der kleine Adler schlüpfte mit den Küken aus und wuchs mit ihnen zusammen auf.

Sein ganzes Leben lang benahm sich der Adler wie die Küken, weil er dachte, er sei ein Küken aus dem Hinterhof. Er kratzte in der Erde nach Würmern und Insekten. Er gluckte und gackerte. Und ab und zu hob er seine Flügel und flog ein Stück, genau wie die Küken. Schließlich hat ein Küken so zu fliegen, stimmt's?

Jahre vergingen, und der Adler wurde sehr alt. Eines Tages sah er einen herrlichen Vogel hoch über sich im wolkenlosen Himmel. Anmutig und hoheitsvoll schwebte er durch die heftigen Windströmungen, fast ohne mit seinen kräftigen goldenen Flügeln zu schlagen. Der alte Adler blickte ehrfürchtig empor. ›Wer ist das ?‹ fragte er seinen Nachbarn.

›Das ist der Adler, der König der Vögel‹, sagte der Nachbar. ›Aber reg dich nicht auf. Du und ich sind von anderer Art.‹

Also dachte der Adler nicht weiter an diesen Vogel. Er starb in dem Glauben, ein Küken im Hinterhof zu sein.«

Erstaunt? Zuerst war ich regelrecht beleidigt! Verglich er mich vor allen Leuten mit einem Küken im Hinterhof? In einer Hinsicht ja, andererseits auch nein. Beleidigend? Niemals. Das war nicht Tonys Art. Aber er erzählte mir und diesen Leuten, dass ich in seinen Augen ein »goldener Adler« war, der nichts von den Höhen wusste, zu denen ich fähig war, aufzusteigen. Diese Geschichte ließ mich die Wesensart dieses Mannes verstehen, seine echte Liebe und seinen großen Respekt vor den Menschen, wobei er immer die Wahrheit sagte. So ging es ihm bei seiner Arbeit darum, die Menschen aufzuwecken, damit sie ihre wirkliche Größe erkennen. Das war Tony de Mellos stärkste Seite, die ihn die Botschaft des »Bewusstwerdens« verkünden ließ, das Licht zu sehen, das wir für uns selbst und für die anderen sind, und zu erkennen, dass wir besser sind als wir meinen.

All dies an Tony fängt dieses Buch ein. Es behandelt – lebendig und im lockeren Hin und Her des Dialogs – eine Fülle von Themen, die die Herzen derer stärken können, die zuhören. Den Geist seines gesprochenen Wortes und sein spontanes Eingehen auf die Reaktionen seiner Hörer auch in gedruckten Texten zu bewahren, war meine Aufgabe nach seinem Tod. Ich danke für die große Hilfe, die mir dabei George McCauley SJ, Joan Brady, John Culkin und viele andere zukommen ließen. Die interessanten, spannenden und anregenden Stunden, die Tony in Gesprächen mit vielen Leuten verbracht hat, sind in den folgenden Seiten wundervoll eingefangen.

Genießen Sie das Buch. Lassen Sie die Worte in sich hineinschlüpfen und hören Sie – wie Tony sagen würde – mit dem Herzen zu. Hören Sie seine Geschichten, und Sie hören Ihre eigenen. Ich lasse Sie nun mit Tony – einem geistlichen Begleiter – allein, und Sie werden einen Freund fürs Leben finden

J. FRANCIS STROUD S. J.

Über das Wachwerden

Spiritualität bedeutet wach werden. Die meisten Leute schlafen, ohne es zu wissen. Sie wurden schlafend geboren, sie leben schlafend, sie heiraten im Schlaf, erziehen im Schlaf ihre Kinder und sterben im Schlaf, ohne jemals wach geworden zu sein. Niemals verstehen sie den Reiz und die Schönheit dessen, was wir »menschliches Leben« nennen. Bekanntlich sind sich alle Mystiker – ob christlich oder nichtchristlich und egal, welcher theologischen Richtung oder Religion sie angehören – in diesem einen Punkt einig: dass alles gut, alles in Ordnung ist. Obwohl gar nichts in Ordnung ist, ist alles gut. Ein wirklich seltsamer Widerspruch. Aber tragischerweise kommen die meisten Leute gar nicht dazu, zu erkennen, dass tatsächlich alles gut ist, denn sie schlafen. Sie haben einen Alptraum.

Vor einiger Zeit hörte ich im Radio die Geschichte von einem Mann, der an die Zimmertür seines Sohnes klopft und ruft: »Jim, wach auf!«

Jim ruft zurück: »Ich mag nicht aufstehen, Papa.« Darauf der Vater noch lauter: »Steh auf, du musst in die Schule!«

»Ich will nicht zur Schule gehen.«

»Warum denn nicht?«, fragt der Vater.

»Aus drei Gründen«, sagt Jim. »Erstens ist es so langweilig, zweitens ärgern mich die Kinder, und drittens kann ich die Schule nicht ausstehen.«

Der Vater erwidert: »So, dann sag ich dir drei Gründe, wieso du in die Schule musst: Erstens ist es deine Pflicht, zweitens bist du

45 Jahre alt, und drittens bist du der Klassenlehrer.« Also aufwachen, aufwachen! Du bist erwachsen geworden, du bist zu groß, um zu schlafen. Wach auf! Hör auf, mit deinem Spielzeug zu spielen.

Die meisten Leute erzählen einem, dass sie aus dem Kindergarten heraus wollen, aber glauben Sie ihnen nicht. Glauben Sie ihnen wirklich nicht! Alles, was sie wollen, ist, dass sie ihr kaputtes Spielzeug repariert bekommen: »Ich möchte meine Frau wiederhaben. Ich möchte meinen Arbeitsplatz wiederhaben. Ich möchte mein Geld wiederhaben, mein Ansehen, meinen Erfolg!« Nur das möchten sie: ihr Spielzeug zurück. Das ist alles. Sogar der beste Psychologe wird Ihnen sagen, dass die Leute eigentlich nicht geheilt werden wollen. Was sie wollen, ist Linderung und Trost, denn eine Heilung ist schmerzhaft.

Wach werden und aufstehen ist bekanntlich unangenehm, denn im Bett ist es warm und behaglich. Es ist wirklich lästig, aufgeweckt zu werden. Deshalb wird es der weise Guru auch nie darauf anlegen, die Leute aufzuwecken. Ich hoffe, dass ich selbst jetzt weise genug und keineswegs darauf erpicht bin, jemanden aufzuwecken, wenn ich auch manchmal sagen werde: »Wach auf!«

Ich werde nur das tun, was ich zu tun habe, werde mein eigenes Lied singen. Wenn Sie etwas davon haben, um so besser; wenn nicht, dann eben nicht! Wie die Araber sagen: »Der Regen ist immer derselbe, wenn er auch in der Steppe Gestrüpp und in den Gärten Blumen wachsen lässt.«

Werde ich Ihnen mit dem,
was ich hier sage, helfen können?

Glauben Sie, ich kann jedem helfen? Aber nein, was denken Sie denn! Erwarten Sie nicht, dass ich jedem helfen kann. Umgekehrt erwarte ich nicht, jemandem zu schaden. Sollte Ihnen das auf den folgenden Seiten Gesagte doch geschadet haben, dann lag es an Ihnen; und sollte es Ihnen geholfen haben, dann lag es ebenfalls an Ihnen. Ja wirklich, Sie selbst sind es! Sie meinen, die anderen helfen Ihnen? Sie tun's nicht. Sie meinen, die anderen unterstützen Sie? Sie tun's nicht.

In einer Therapiegruppe, die ich leitete, war einmal eine Frau, eine Nonne, die mir sagte: »Ich fühle mich von meiner Oberin nicht unterstützt.«

Ich fragte Sie: »Was wollen Sie damit sagen?«

»Wissen Sie«, erklärte die Schwester, »meine Oberin, ich meine die Provinzoberin, lässt sich nie bei mir im Noviziat sehen. Noch nie habe ich von ihr ein anerkennendes Wort gehört.«

Darauf sagte ich zu der Schwester: »Na gut, machen wir ein kleines Rollenspiel. Nehmen wir einmal an, ich kenne Ihre Provinzoberin, und nehmen wir weiter an, ich weiß genau, was sie über Sie denkt. Also sage ich zu Ihnen (indem ich die Rolle der Provinzoberin spiele): ›Wissen Sie, Schwester Maria, der Grund, weshalb ich nicht in das Noviziat komme, ist der: Es ist der einzige Ort in der ganzen Ordensprovinz, an dem es keine Unannehmlichkeiten und nichts zu beanstanden gibt. Ich weiß, dass Sie die Leitung haben und alles in Ordnung ist. Wie fühlen Sie sich jetzt?«

Sie sagte: »Ich fühle mich bestens.«

Ich erwiderte ihr: »Gut, würden Sie mal bitte für ein, zwei Minuten hinausgehen. Es gehört mit zu unserem Spiel.«

Die Schwester tat, was ich sagte. Als sie den Raum verlassen hatte, sagte ich zu den übrigen Kursteilnehmern: »Ich bin immer noch die Provinzoberin, in Ordnung? Schwester Maria draußen auf dem Flur ist die schlimmste Novizenmeisterin der Ordensprovinz, mit der ich je zu tun hatte. Der Grund, weshalb ich nicht das Noviziat besuchte, ist tatsächlich der, dass ich es einfach nicht mit ansehen kann, wie sie sich anstellt. Es ist schrecklich. Sage ich ihr aber die Wahrheit, dann müssen es die Novizinnen büßen. Wir haben eine Schwester gefunden, die sie in ein, zwei Jahren ablösen wird. Wir bilden sie schon entsprechend aus. Ich dachte, ich sage ihr inzwischen etwas Nettes, um sie bei Laune zu halten. Was meinen Sie dazu?«

Darauf erwiderten die Kursteilnehmer: »Unter diesen Umständen war es das einzige, was Sie tun konnten.«

Danach rief ich die Schwester Maria wieder herein und fragte sie, ob sie sich noch bestens fühle.

»Oh ja«, sagte sie froh.

Arme Schwester Maria. Sie dachte, sie würde unterstützt, obwohl es gar nicht der Fall war. Der springende Punkt hier ist, dass wir das meiste dessen, was wir denken und fühlen, selbst heraufbeschwören, einschließlich dieser Vorstellung, von Leuten geholfen zu bekommen.

Meinen Sie, Sie helfen Leuten, weil Sie in sie verliebt sind? Hören Sie, ich habe eine gute Nachricht für Sie. Sie sind nie in jemanden verliebt. Sie sind nur in Ihre von Vorurteilen und Hoffnungen bestimmte Vorstellung von einem bestimmten Menschen verliebt. Denken Sie einmal eine Minute darüber nach: Sie sind nie in jemanden verliebt; Sie sind in Ihre voreingenommene Vorstellung von einem Menschen verliebt. Wirkt das nicht wie eine kalte Dusche auf Sie? Kühlt sich Ihr Verliebtsein nicht gleich ab? Ihre Vorstellung kippt um, oder nicht? »Wie konntest du mich bloß im Stich lassen, als ich dir so sehr vertraut habe?«, haben Sie vielleicht schon einmal gesagt. Haben Sie der-/ demjenigen wirklich vertraut? Sie vertrauen nie jemandem. Kommen Sie davon weg! Es ist ein Teil der gesellschaftlichen Gehirnwäsche. Sie vertrauen nie jemandem. Sie vertrauen nur Ihrem Urteil, das Sie sich über einen bestimmten Menschen gebildet haben. Worüber beklagen Sie sich also? In Wirklichkeit geben Sie nicht gern zu: »Mein Urteil war aus der Luft gegriffen.« Das ist nicht sehr schmeichelhaft für Sie, nicht wahr? Lieber sagen Sie: »Wie konntest du mich bloß im Stich lassen?«

Das ist der springende Punkt: Die Leute wollen sich eigentlich nicht weiterentwickeln; die Leute wollen sich eigentlich nicht ändern; die Leute wollen eigentlich nicht glücklich sein. Wie mir jemand einmal sehr weise sagte: »Versuch nicht, sie glücklich zu machen! Du schaffst dir nur Probleme. Versuch nicht, einem Schwein das Singen beizubringen! Du verschwendest nur deine Zeit und irritierst das arme Schwein.«

Es ist wie in der kleinen Geschichte von dem Geschäftsmann, der nach einem anstrengenden Tag auf einen Sprung in eine Bar ging, wo er zwischen ein paar anderen Gästen Platz nahm und aufatmete. Plötzlich fiel ihm auf, dass im Ohr seines Nachbarn eine Banane steckte, ja, eine Banane! Verwundert fragte er sich: »Ob ich ihn darauf aufmerksam machen soll? Aber was geht's mich an!«

Doch es bohrte in ihm weiter. Nach ein, zwei Drinks stieß es seinen Nachbarn freundlich an: »Entschulden Sie, hm. In Ihrem Ohr steckt eine Banane.«

Darauf der Nachbar: »Was?«

Der Geschäftsmann noch einmal: Sie haben eine Banane im Ohr.«

Und wieder der Nachbar: »Was meinen Sie?«

»In Ihrem Oht steckt eine Banane!« brüllte nun der Geschäftsmann.

»Sprechen Sie doch etwas lauter«, antwortete der Nachbar, »ich habe eine Banane im Ohr.«

Sie sehen, es ist nutzlos. »Gib's auf! Gib's auf!«, schärfe ich mir ein. Sag', was du zu sagen hast, und lass es dann gut sein. Schön, wenn jemand davon profitieret, und wenn nicht, dann eben nicht.

Über den wahren Egoismus

Was ich Ihnen als erstes begreiflich machen möchte, wenn Sie wirklich wach werden wollen, ist, dass Sie gar nicht wach werden möchten. Der erste Schritt zum Wachwerden besteht darin, ehrlich genug zu sein und zuzugeben, dass Sie es nicht möchten. Sie wollen gar nicht glücklich sein. Soll ich es Ihnen zeigen? Machen wir die Probe. Es braucht dafür kaum mehr als eine Minute.

Sie können dabei die Augen schließen oder offen lassen, wie es Ihnen lieber ist. Denken Sie an jemanden, den Sie sehr lieben, jemanden, dem Sie nahe stehen, der Ihnen viel bedeutet, und sagen Sie in Gedanken zu ihm: »Ich würde lieber glücklich sein, als dich zu haben.«

Schauen Sie, was passiert: »Ich würde lieber glücklich sein, als dich zu haben. Wenn ich die Wahl hätte, würde ich mich ohne Frage fürs Glücklichsein entscheiden.« Doch wer fühlte sich dabei nicht selbstsüchtig, als er sich das sagte? Sicherlich viele.

Sehen Sie, wie wir in unserer Meinung beeinflusst sind, wie unser Denken dahin gebracht wurde, dass wir uns sagten: »Wie kann ich nur so selbstsüchtig sein?«

Doch schauen Sie einmal, wer wirklich selbstsüchtig ist: Stellen Sie sich vor, jemand sagt zu Ihnen: »Wie kannst du nur so selbstsüchtig sein, dass du das Glücklichsein mir vorziehst?« Würden Sie dann nicht am liebsten antworten:

»Entschuldige mal, aber wie kannst du nur so selbstsüchtig sein, dass du verlangst, ich sollte dich über mein Glücklichsein stellen?!«

Eine Frau erzählte mir einmal von ihrem Vetter, dem Jesuiten-pater; sie war damals noch ein Kind, als er in der Jesuitenkirche in Milwaukee Einkehrtage hielt. Jeden Vortrag begann er mit den Wor-ten: »Der Prüfstein der Liebe ist das Opfer, das Maß der Liebe ist die Selbstlosigkeit.« Ein großartiger Satz! Ich stellte der Frau die Frage: »Würden Sie wünschen, dass ich Sie liebe, auch wenn ich dann nicht mehr glücklich sein könnte?« »Ja«, erwiderte sie. –

Ist das nicht ganz entzückend? Sie würde mich lieben und könn-te nicht mehr glücklich sein, und ich würde sie lieben und könnte auch nicht mehr glücklich sein. So hätten wir zwei unglückliche Menschen, doch – lang lebe die Liebe!

Das Glück wollen

Wie ich schon sagte, wollen wir gar nicht glücklich sein. Wir wollen etwas anderes. Oder sagen wir es etwas genauer: Wir wollen nicht bedingungslos glücklich sein. Ich bin bereit, glücklich zu sein, vorausgesetzt, ich habe dieses und jenes und wer weiß was noch. Doch das ist dann so, als sagten wir zu unserem Freund oder zu unserer Freundin, zu Gott oder zu wem auch immer: »Du bist mein Glück. Wenn ich dich nicht bekomme, weigere ich mich, glücklich zu sein.«

Dies zu verstehen, ist sehr wichtig. Wir können uns gar nicht vorstellen, ohne solche Bedingungen glücklich zu sein. Das eben ist es. Es wurde uns beigebracht, unser Glück auf Bedingungen zu setzen.

Daher ist es das erste, was zu tun ist, wenn wir wach werden wollen, was nichts anderes heißt als zu sagen: wenn wir lieben wollen, wenn wir Freiheit wollen, wenn wir Freude, Frieden und geistliches Leben wollen. In diesem Sinn ist Spiritualität die nützlichste Sache der Welt. Versuchen Sie doch einmal, sich etwas Nützlicheres vorzustellen als Spiritualität, wie ich sie beschrieben habe – nicht Frömmigkeit, nicht Gebet, nicht Religion, nicht Gottesdienst, sondern Spiritualität – Wachwerden, Wachwerden!

Wohin man blickt, überall Kummer, Einsamkeit, Angst, Verwirrung, Zwiespalt in den Herzen der Menschen – innerer und äußerer Zwiespalt. Angenommen, jemand würde Ihnen einen Weg zeigen, auf dem Sie all dem entrinnen könnten? Angenommen, jemand könnte Ihnen sagen, wie diesem gewaltigen Verlust an Energie, Gesundheit und Gefühlen, der von diesen Zwiespältigkeiten herrührt, ein Ende bereitet werden kann. Würden Sie dies wollen? Angenommen, jemand würde uns einen Weg zeigen, auf dem wir zu aufrichtiger gegenseitiger Liebe, zu Frieden und Freundlichkeit gelangen könnten. Können Sie sich etwas Nützlicheres als das vorstellen?

Doch statt dessen gibt es Leute, die meinen, das große Geschäft sei nützlicher, Politik und Wissenschaft seien nützlicher. Was hat die Erde davon, wenn ein Mensch auf den Mond geschossen wird, wenn wir auf der Erde nicht leben können?

Geht es um Spiritualität
oder Psychologie?

Ist Psychologie nützlicher als Spiritualität? Nichts hat einen größeren praktischen Nutzen als Spiritualität. Was kann denn ein armer Psychologe tun? Er kann nur vom Druck befreien. Ich bin selbst Psychologe und praktizierender Psychotherapeut und gerate in großen Konflikt, wenn ich manchmal zwischen Psychologie und Spiritualität wählen muss. Ich weiß nicht, ob Sie mich verstehen. Ich konnte es viele Jahre lang selbst nicht begreifen und will es näher erklären. Es war für mich lange Zeit unverständlich, bis ich plötzlich entdeckte, dass die Menschen unter einer Beziehung genug leiden müssen, um bei allen anderen Beziehungen von Illusionen befreit zu werden. Ist es nicht schrecklich, so zu denken? Sie müssen *genug* in einer Beziehung leiden, bevor sie wach werden und sagen: »Es stößt mich ab! Es muss eine bessere Art zu leben geben, als von einem anderen Menschen abhängig zu sein.« Und was habe ich als Psychotherapeut getan? Die Leute kamen mit ihren Beziehungsproblemen zu mir, mit ihren Kommunikationsschwierigkeiten usw., und manchmal konnte ich ihnen helfen. Aber manchmal – es tut mir leid, das sagen zu müssen – auch nicht, weil es ihnen gerade nur zum Weiterschlafen verhalf. Vielleicht hätten sie noch etwas *mehr* leiden sollen. Vielleicht hätten sie ganz und gar an einen Endpunkt kommen sollen, um zu sagen: »Das alles macht mich krank.« Nur denjenigen, den sein Kranksein abstößt, kann man von seiner Krankheit befreien. Die meisten gehen zum Psychologen oder Psychiater, um Erleichterung zu erhalten. Ich sage es noch einmal: um Erleichterung zu bekommen; nicht, um ihre Krankheit loszuwerden.

Ich kenne eine Geschichte von einem kleinen Jungen, der Johnny hieß und wie man sagte, geistig zurückgeblieben war. Aber offensichtlich war er es doch nicht, wie die folgende Geschichte zeigt. Johnny ging in eine Modelliergruppe einer Sonderschule. Dort bekam er ein Stück Knetmasse und fing an, es zu formen. Er nahm ein Stückchen, ging in eine Ecke des Zimmers und spielte dort damit. Die Lehrerin ging zu ihm und sagte: »Hallo Johnny.«

»Hallo.«

»Was hast du denn in deiner Hand?«

Darauf sagte Johnny: »Das ist ein Stück Kuhfladen.«

Die Lehrerin fragte weiter: »Was willst du denn damit machen?«

»Ich mache eine Lehrerin.«

Die Lehrerin dachte sich: »Mit dem kleinen Johnny ist es wieder schlimmer geworden.« Sie rief den Rektor, der gerade an der Tür vorbeiging, und sagte: »Mit Johnny ist es schlimmer geworden.«

»So ging der Schulleiter zu Johnny und sagte: »Hallo, mein Junge.«

»Hallo!«

»Was hast du denn in der Hand?«

»Ein Stück Kuhfladen.«

»Was willst du denn damit machen?«

»Einen Rektor«, war die Antwort.

Der Rektor war überzeugt, dass es sich hier um einen Fall für den Schulpsychologen handelte und sagte zur Lehrerin: »Lassen Sie den Psychologen kommen!«

Der Psychologe war ein schlauer Bursche. Er ging zu dem Jungen und sagte: »Ich weiß, was du in deiner Hand hast.«

»Was denn?«

»Ein Stück Kuhfladen.«

»Richtig.«

»Und ich weiß auch, was du daraus machst.«

»Was denn?«

»Einen Psychologen.«

»Falsch! Dafür reicht er nicht!«

Und diesen Jungen hielt man für geistig zurückgeblieben!

Die armen Psychologen; sie leisten gute Arbeit, ja wirklich. Es gibt Zeiten, in denen die Psychotherapie eine riesengroße Hilfe ist, denn wenn Sie an der Grenze dazu sind, verrückt, wahnsinnig zu werden, werden Sie entweder Psychopath oder Mystiker. Denn das ist der Mystiker: das Gegenteil des Wahnsinnigen.

Wissen Sie, was ein Zeichen dafür ist, dass Sie wach geworden sind? Wenn Sie sich selbst fragen: »Bin *ich* verrückt oder sind es alle anderen?« Es ist wirklich so, denn wir sind verrückt. Die ganze Welt ist es. Der einzige Grund, weshalb wir nicht in einer Anstalt sind, liegt darin, dass es so viele von uns sind. Wir leben mit verrückten Vorstellungen von Liebe, Beziehungen, Glück, Freude, von allem möglichen. Ich bin inzwischen so weit zu glauben, wir sind dermaßen verrückt, dass, wenn alle sich in etwas einig sind, man sich sicher sein kann, dass es falsch ist! Jede neue Idee, jede große Idee, stand am Anfang gegen alle anderen. Dieser Mann, der Jesus genannt wurde, stand als einzelner gegen die anderen. Alle sagten etwas anderes als er. So auch bei Buddha. Ich glaube, es war Bertrand Russell, der feststellte: »Jede große Idee tritt an als Blasphemie.« Das trifft den Nagel auf den Kopf. Heutzutage ist man mit dem Begriff ›Blasphemie‹ schnell bei der Hand. Immer wieder hört man sagen: »Das ist eine Blasphemie!« Denn die Leute sind verrückt, sie sind wahnsinnig, und je früher Sie das merken, desto besser ist es für Ihre geistige und geistliche Gesundheit. Vertrauen Sie ihnen nicht. Machen Sie sich auch keine Illusionen über Ihre besten Freunde, sie sind sehr schlau. Geradeso wie *Sie* es sind im Umgang mit irgendwem, wenn Sie es wohl auch nicht wissen. Ja, Sie sind sehr schlau – spitzfindig und listig. Sie spielen regelrecht Theater.

Ich verteile nicht gerade Komplimente, oder? Doch ich sage noch einmal: Sie möchten ja wach werden. Sie spielen Theater und wissen es nicht einmal. Sie glauben, dass Sie so voller Liebe und Hingabe sind. Doch wen lieben Sie denn? Selbst wenn Sie sich aufopfern, bereitet es Ihnen ein gutes Gefühl, oder nicht? »Ich opfere mich auf! Ich handele meinem Ideal entsprechend.« Aber Sie haben doch etwas davon, oder? Sie haben von allem, was Sie tun, etwas, bis Sie wach werden.

Damit wäre der erste Schritt getan: Machen Sie sich klar, dass Sie nicht wach werden wollen. Es ist recht schwierig, wach zu werden, wenn man wie in einer Hypnose, einen Fetzen alten Papiers für einen Scheck über eine Million Dollar hält. Ja, es ist schwierig, sich von diesem Fetzen loszureißen.

Auch Entsagen ist keine Lösung

Immer wenn Sie Entsagung üben, machen Sie sich etwas vor. Was meinen Sie dazu? Ja, Sie machen sich etwas vor. Worauf verzichten Sie denn? Immer, wenn Sie auf etwas verzichten, werden Sie daran gebunden. Ein indischer Guru hat einmal gesagt: »Immer, wenn eine Prostituierte zu mir kommt, spricht sie nur von Gott. Sie sagt, ich habe mein Leben satt, es stößt mich ab. Ich suche Gott. Aber immer, wenn ein Priester zu mir kommt, spricht er nur von Sex.«

So ist es: Wenn man etwas entsagt, ist man ihm für immer verhaftet. Wenn man gegen etwas ankämpft, ist man mit ihm für immer verbunden. Solange man gegen etwas ankämpft, gibt man ihm Macht. Man gibt ihm soviel Kraft, wie man dafür aufwendet, es zu bekämpfen.

Das gilt ebenso für eine politische Richtung wie für alles sonst. Deshalb heißt es, die eigenen bösen Geister »anzunehmen«, denn kämpfen Sie gegen sie an, geben Sie ihnen Macht. Hat Ihnen das noch niemand gesagt? Wenn Sie etwas entsagen, hält Sie das, dem Sie entsagen, fest. Die einzige Möglichkeit, dies zu durchbrechen, liegt darin, es zu durchschauen. Entsagen Sie etwas nicht, sondern durchschauen Sie es. Versuchen Sie, seinen wahren Stellenwert zu verstehen, und Sie werden ihm nicht mehr zu entsagen brauchen; Sie werden sich aus eigener Kraft davon lösen. Wenn Sie das nicht so sehen, wenn Sie der Gedanke gefangenhält, dass Sie ohne dieses oder jenes nicht glücklich sein können, kommen Sie natürlich nicht weiter. Was wir für Sie tun müssen, ist nicht, was die sogenannte

Spiritualität zu tun versucht, nämlich Sie Opfer bringen zu lassen: Dingen zu entsagen. Das bringt nichts. Sie schlafen weiter. Was wir tun müssen, ist, Ihnen helfen zu verstehen, verstehen, und nochmals zu verstehen. Wenn Sie verstehen würden, würden Sie nicht erst versuchen, auf etwas zu verzichten, sondern einfach aufhören, danach zu verlangen. Genausogut kann man sagen: Wenn Sie aufwachen würden, würden Sie einfach das Verlangen danach fallen lassen.

Zuhören und umlernen

Manche werden von den harten Realitäten des Lebens aufgeweckt. Sie leiden so sehr unter ihnen, dass sie hellwach sind. Doch andere stoßen sich ein ums andere Mal im Leben den Kopf an und schlafen weiter. Sie werden nie wach. Das Tragische dabei ist, dass diese Menschen nicht im Entferntesten auf den Gedanken kommen, es könnte auch anders gehen. Sie kommen nie auf die Idee, dass es einen besseren Weg geben könnte. Wenn Ihnen das Leben nicht genug zugesetzt hat, wenn Sie nicht soviel erleiden mussten, gibt es einen anderen Weg: *zuhören*. Ich möchte damit nicht sagen, dass Sie dem, was ich sage, zustimmen müssen. Das wäre kein Zuhören. Glauben Sie mir: es spielt gar keine Rolle, ob Sie mir zustimmen oder nicht, denn Zustimmung und Ablehnung haben mit Worten, Begriffen und Theorien, nichts mit der Wahrheit zu tun.

Wahrheit lässt sich nicht mit Worten ausdrücken. Sie wird plötzlich erkannt, als das Ergebnis einer bestimmten Einstellung. Somit könnten Sie mir durchaus nicht zustimmen und doch die Wahrheit erkennen. Vielmehr muss eine Einstellung der Offenheit bestehen, geprägt vom Willen, etwas Neues zu entdecken. Darauf kommt es an und nicht auf Ihre Zustimmung oder Ablehnung. Letzten Endes ist das meiste, was ich Ihnen sage, doch wieder Theorie. Keine Theorie deckt die Wirklichkeit angemessen ab. Deshalb kann ich Ihnen nichts von der Wahrheit sagen, sondern nur etwas von den Hindernissen auf dem Weg zur Wahrheit. Diese kann ich beschreiben, jedoch nicht die Wahrheit. Niemand kann das. Alles, was ich tun kann, ist, Ihnen eine Beschreibung Ihrer Falschheiten zu geben, damit Sie von ihnen ablassen können. Alles, was ich für Sie tun kann, ist, Ihre Anschauungen und die Denkschemata, die Sie unglücklich machen, in Frage zu stellen. Alles was ich für Sie tun kann, ist, Ihnen zu helfen umzulernen. Darum geht es, wenn Sie Spiritualität interessiert: umzulernen – in fast allem, was Sie bisher gelernt haben, umzulernen. Die Bereitschaft umzulernen und zuzuhören.

Hören Sie nur zu, wie es die meisten tun, um bestätigt zu bekommen, was Sie sowieso schon denken? Achten Sie einmal darauf, wie Sie reagieren, während ich spreche. Oft werden Sie bestürzt, geschockt, empört, irritiert, verärgert oder frustriert sein. Oder Sie werden sagen: »Genauso ist es!«

Hören Sie nur zu, um bestätigt zu bekommen, wovon Sie ohnehin überzeugt sind, oder hören Sie zu, um etwas Neues zu entdecken? – ein wichtiger, aber für Schlafende schwieriger Unterschied. Jesus verkündete die gute Nachricht und wurde doch zurückgewiesen; nicht, weil sie gut war, sondern weil sie neu war. Wir verabscheuen das Neue. Wir lehnen es ab! Und je eher wir uns dieser Tatsache stellen, um so besser. Wir wollen keine Neuerungen, besonders dann nicht, wenn sie unsere Ruhe stören, wenn sie Veränderungen nach sich ziehen. Und noch weniger, wenn man sich sagen muss: »Ich habe einen Fehler gemacht.«

Vor einiger Zeit traf ich in Spanien einen siebenundachtzigjährigen Jesuitenpater, der vor dreißig oder vierzig Jahren mein Rektor und einer meiner Lehrer in Indien gewesen war. Er nahm an einem geistlichen Kurs teil wie diesem. »Ich hätte dich sechzig Jahre früher hören sollen«, sagte er. »Du hast etwas zu sagen. Ich habe mich mein ganzes Leben lang geirrt.«

Mein Gott, so etwas zu hören! Es ist wie eines der sieben Weltwunder zu sehen.

Das, meine Damen und Herren, ist *Glaube*! Offensein für die Wahrheit, was auch immer sich daraus ergeben mag, wohin auch immer sie einen führen wird. Das ist Vertrauen. *Nicht* Überzeugung, sondern Glaube. Ihre Überzeugungen mögen Ihnen viel Sicherheit geben, aber Glaube ist Unsicherheit. Sie wissen nicht. Sie sind bereit zu folgen und sind offen, ganz offen! Sie sind bereit zuzuhören. Und offen zu sein heißt nicht, leichtgläubig zu sein, heißt nicht, alles zu schlucken, was einem gerade gesagt wird. Durchaus nicht. Sie müssen alles, was ich sage, in Frage stellen, doch aus einer offenen und keiner verbohrten Einstellung heraus. Denken Sie an das großartige Wort von Buddha: »Mönche und Gelehrte dürfen meine Worte nicht aus Respekt annehmen, sie müssen sie aufgliedern und bearbeiten, wie der Goldschmied Gold bearbeitet – durch Sägen, Gravieren, Löten und Schmelzen.«

Wenn Sie dies tun, hören Sie zu und haben damit einen weiteren wichtigen Schritt zum Wachwerden getan. Der erste Schritt bestand, wie gesagt, in der Bereitschaft zuzugeben, dass Sie nicht wach werden wollen, und dass Sie nicht glücklich sein wollen. Alle möglichen Widerstände in Ihnen müssen dabei überwunden werden. Der zweite Schritt ist die Bereitschaft, zuzuhören und Ihr ganzes Denksystem in Frage zu stellen; nicht nur Ihre religiösen, gesellschaftlichen, psychologischen Überzeugungen, sondern alles: die Bereitschaft, das alles neu zu bewerten, wie in der Metapher des Buddha. Dazu will ich Ihnen im folgenden reichlich Gelegenheit geben.

Die Maskerade der Nächstenliebe

Nächstenliebe ist Eigennutz unter dem Deckmäntelchen des Altruismus. Sie finden es sehr schwierig zu akzeptieren, dass Sie zuzeiten nicht wirklich aufrichtig versuchen, Liebe zu üben und Vertrauen zu schenken. Lassen Sie es mich einfacher sagen, so einfach wie möglich. Ja, verdeutlichen wir es so plump und extrem wie möglich, zumindest am Anfang. Es gibt zwei Arten von Egoismus. Bei der ersten habe ich Freude daran, mir selbst zu gefallen. Das nennt man im allgemeinen Selbstbezogenheit. Bei der zweiten Art habe ich Freude daran, anderen zu gefallen. Das wäre eine raffiniertere Form des Egoismus.

Die erste Art ist leicht zu erkennen, die zweite jedoch ist verdeckt, sehr verdeckt, und deswegen gefährlicher, denn wir finden uns dabei wirklich großartig. Aber vielleicht ist es mit uns gar nicht so weit her? Sie protestieren?

Sie, meine Dame, sagen zum Beispiel, dass Sie allein leben, regelmäßig ins Gemeindezentrum gehen und viele Stunden Ihrer Zeit opfern. Aber Sie geben auch zu, dass Sie es eigentlich aus einem eigennützigen Grund tun – Sie müssen irgendwo gebraucht werden –, und Sie wissen auch, dass Sie dort gebraucht werden wollen, wo Sie glauben, ein klein wenig zum Wohl der Allgemeinheit beitragen zu können. Aber Sie nehmen zugleich für sich in Anspruch, dass man Sie braucht, und schon ist es keine Einbahnstraße mehr.

Sie sind fast aufgeklärt! Wir müssen von Ihnen lernen. Sie sagt: »Ich gebe etwas und bekomme etwas.« Sie hat recht. Ich möchte jemandem helfen. Ich gebe etwas und ich nehme etwas. Das ist gut und schön und in Ordnung. Aber es ist keine Nächstenliebe, sondern aufgeklärter Eigennutz.

Und Sie, mein Herr, weisen uns darauf hin, dass das Evangelium Jesu im Grunde eine Frohbotschaft des Eigennutzes ist. Wir erlangen das ewige Leben durch unsere Akte der Nächstenliebe. »Kommt her, die ihr von meinem Vater gesegnet seid, nehmt das Reich in Besitz ... Denn ich war hungrig, und ihr habt mir zu essen gegeben«, und so weiter. Sie weisen darauf hin, dass dies genau die Bestätigung dessen ist, was ich gesagt habe. Wenn wir auf Jesus schauen, sagen Sie weiter, sehen wir, dass seine Taten der Nächstenliebe letztlich Taten des Eigennutzes waren, um Seelen für das ewige Leben zu gewinnen. Und Sie erkennen das als die ganze Triebkraft und den Sinn des Lebens: Befriedigung des Eigennutzes durch Taten der Nächstenliebe.

Gut, aber Sie mogeln ein bisschen, weil Sie die Religion ins Spiel gebracht haben. Das ist legitim und zulässig. Aber wie wäre es, wenn ich das Evangelium, die Bibel und Jesus erst am *Ende* dieser Besinnung behandeln würde. Jetzt möchte ich nur so viel sagen, um es noch komplizierter zu machen: »Ich war hungrig, und ihr habt mir zu essen gegeben, ich war durstig und ihr habt mir zu trinken gegeben, ich war durstig und ihr habt mir zu trinken gegeben«, und was antworten Sie? »Wann? Wann haben wir das getan? Das haben wir nicht gewusst.« Sie waren unwissend!

Ich habe manchmal die schreckliche Vorstellung, dass der König sagt: »Ich war hungrig und ihr habt mir zu essen gegeben«, und die Schafe zu seiner Rechten antworten: »Das stimmt Herr, das *wissen* wir.« »Ich habe nicht mit euch gesprochen«, wird dann der König erwidern. »Das steht so nicht im Textbuch, es wird nicht angenommen, dass ihr es gewusst habt.« Ist das nicht interessant? Aber *Sie* wissen es. Sie kennen die innere Befriedigung, die Taten der Nächstenliebe bereiten.

Genau das ist es also! Es ist das Gegenteil von dem, der sagt: »Was ist schon Besonderes dabei? Ich habe etwas gegeben und habe etwas bekommen. Ich kam gar nicht auf die Idee, dass ich etwas Gutes getan haben könnte. Meine linke Hand ahnte nicht, was meine rechte tat.«

Es ist doch klar: eine gute Tat ist am besten, wenn man nicht weiß, dass man Gutes tut. Oder wie es der große Sufi sagen würde: »Ein Heiliger ist so lange heilig, bis er es weiß.« Nicht Selbstbewusstsein, sondern Selbst-unbewusstsein! Manche werden damit nicht einverstanden sein und sagen: »Ist die Freude, die ich beim Geben habe, nicht das ewige Leben hier und jetzt?« – Ich weiß es nicht. Für mich ist Freude Freude, und nichts weiter. Zumindest für den Moment, bis wir später auf die Religion zu sprechen kommen. Aber es liegt mir daran, dass Sie etwas gleich von Anfang an verstehen: dass Religion nicht – ich wiederhole: *nicht* – unbedingt mit Spiritualität zusammenhängen muss. Lassen Sie die Religion hier noch aus dem Spiel.

Gut: Sie fragen, was mit dem Soldaten ist, der sich auf eine Handgranate warf, um andere zu schützen? Und was ist mit dem Mann in dem mit Dynamit beladenen Lastwagen, der in Beirut in ein amerikanisches Militärlager fuhr? Was ist mit ihm? »Eine größere Liebe als dieser hat niemand.« Doch die Amerikaner denken anders. Er tat es mit Absicht, und das ist das Schlimme, oder? Aber er dachte nicht so, das kann ich Ihnen versichern. Er war überzeugt, er kommt in den Himmel. Genauso dachte Ihr Soldat, der sich auf die Handgranate warf.

Ich versuche, mir eine Tat vorzustellen, bei der es nicht um das Ich geht, bei der Sie erwacht sind und bei der das, was Sie tun, durch Sie getan wird. Ihre Tat wird dann ein Geschehnis. »Lass es durch mich geschehen.« Ich schließe das nicht aus. Aber wenn Sie es tun, suche ich dabei nach dem Eigennutz. Und wenn er nur darin liegt: »Ich möchte als großer Held in Erinnerung bleiben«, oder: »Ich könnte nicht weiterleben, ohne das getan zu haben. Ich könnte niemals mit dem Gedanken leben, davongelaufen zu sein.«

Aber berücksichtigen Sie, dass ich die andere Art von Taten dabei nicht ausschließe. Ich habe nicht gesagt, dass es überhaupt keine Taten ohne Eigennutz gibt. Es gibt sie vielleicht doch. Wir werden es herausfinden müssen. Eine Mutter, die ihr Kind rettet – ihr *eigenes* Kind, werden Sie dann sagen. Doch wie kommt es, dass sie nicht das Kind ihrer Nachbarin rettet? Es ist *ihr eigenes* Kind. Es ist der Soldat, der für *sein* Land stirbt. Viele solcher Tode beschäftigen mich, und ich stelle mir die Frage: »Sind sie das Ergebnis einer Gehirnwäsche?« Auch Märtyrer geben mir zu denken. Ich glaube, sie unterlagen meist einer Gehirnwäsche. Islamische Märtyrer, hinduistische Märtyrer, buddhistische Märtyrer, christliche Märtyrer...

Irgendwie waren sie von dem Gedanken beherrscht, dass sie sterben müssen, dass der Tod etwas Großes ist. Sie empfinden nichts, sie tun es einfach. Aber nicht alle, hören Sie mir also gut zu. Ich sagte: nicht alle von ihnen, wenn ich auch die Möglichkeit nicht ausschließen will. Viele Kommunisten haben eine Gehirnwäsche mitgemacht (das glauben Sie gern!), und zwar so intensiv, dass sie bereit sind zu sterben. Manchmal denke ich mir, dass der gleiche Prozess zum Beispiel einen heiligen Franz Xaver, aber ebenso Terroristen hervorbringen könnte. Sie können jemand dreißigtägige Exerzitien machen lassen und ihn am Ende ganz in der Liebe zu Christus entbrannt sehen, ohne die geringste Selbsterkenntnis gewonnen zu haben. Er könnte für andere unerträglich sein – und dabei denken, er sei ein großer Heiliger. Ich möchte den heiligen Franz Xaver nicht in falschen Verdacht

bringen, er war gewiss ein großer Heiliger, wenn man auch nur schwer mit ihm zusammenleben konnte. Wissen Sie, er war ein furchtbarer Oberer, wirklich! Machen Sie mit mir dazu einen kleinen Ausflug in die Geschichte.

Ignatius, der Gründer unseres Ordens, musste sich immer einschalten, um den Schaden wieder gutzumachen, den dieser gute Mann mit seiner Intoleranz angerichtet hatte. Man muss recht intolerant sein, um das zu erreichen, was er erreicht hat. Weiter, immer weiter – egal, wie viele Menschen auf der Strecke bleiben. Einige Kritiker Franz Xavers beklagen genau das. Er pflegte Männer aus unserem Orden zu entlassen, die sich dann an Ignatius wandten, der ihnen sagte: »Komm nach Rom, wir wollen darüber sprechen.« Und Ignatius nahm sie heimlich wieder auf. Wieviel Selbsterkenntnis war hier mit im Spiel? Wie wollen wir es beurteilen, wir wissen es nicht.

Ich sage nicht, dass es so etwas wie die reine Motivation nicht gibt. Ich sage nur, dass gewöhnlich alles, was wir tun, in unserem eigenen Interesse geschieht. Alles. Wenn Sie etwas aus Liebe zu Jesus tun, ist das Eigennutz? Ja. Wenn Sie etwas aus Liebe zu irgend jemand tun, tun Sie das in Ihrem eigenen Interesse. Ich will das näher erklären.

Angenommen, Sie leben in Phoenix im Süden der USA und sorgen dafür, dass fünfhundert Kinder jeden Tag etwas zu essen haben. Bereitet Ihnen das ein gutes Gefühl? Ja, würden Sie erwarten, dass Ihnen das ein schlechtes Gefühl verschafft? Aber manchmal ist es so. Nämlich deswegen, weil es Leute gibt – und Gott sei Dank gehören Sie nicht zu ihnen –, die etwas nur tun, um *kein schlechtes Gewissen haben zu müssen*. Das nennen sie dann Nächstenliebe. Sie handeln aber nur aus einem Schuldbewusstsein. Das ist keine Liebe. Doch Gott sei Dank, tun Sie etwas für andere, und es macht Ihnen Freude. Bestens! Sie sind ein gesundes Individuum, weil Sie *eigennützig* sind. Das ist ganz normal.

Fassen wir zusammen, was ich über selbstlose Nächstenliebe gesagt habe. Ich sprach davon, dass es zwei Arten von Egoismus gibt; vielleicht hätte ich sogar drei sagen sollen. Erstens: wenn ich etwas tue, oder gar, wenn es mir Freude macht, mir selbst zu gefallen. Zweitens: wenn es mir Freude macht, anderen zu gefallen. Seien Sie nicht stolz darauf. Meinen Sie nicht, Sie seien ein außergewöhnlicher Mensch. Keineswegs, Sie sind ganz normal, Sie haben nur einen verfeinerten Geschmack. Ihr Geschmack ist gut, und nicht Ihre Spiritualität. Als Sie noch Kind waren, mochten Sie Coca Cola; jetzt aber, als Erwachsener, wissen Sie an einem heißen Tag ein kühles Bier zu schätzen. Sie haben einen besseren Geschmack bekommen. Als Kind liebten Sie Schokolade, als Erwachsener wissen Sie eine Sinfonie oder ein Gedicht zu genießen. Ihr Geschmack ist besser geworden, aber Ihr Spass ist derselbe, nur mit dem Unterschied, dass es Ihnen jetzt Spass macht, anderen zu gefallen.

Damit sind wir bei der dritten und schlimmsten Form: bei der Sie etwas tun, um kein schlechtes Gewissen zu haben. Sie tun es nicht gern und müssen sich dazu zwingen, es widerstrebt Ihnen. Sie machen Freundschaftsdienste, aber es geht Ihnen gegen den Strich. Sie protestieren? Dann wissen Sie nicht allzuviel von sich selbst, wenn Sie meinen, dass Sie das noch nie getan haben.

Hätte ich jedesmal einen Dollar bekommen, wenn ich etwas tat, was mir gegen den Strich ging, wäre ich mittlerweile Millionär. Das geht ganz einfach: »Pater, kann ich sie heute abend sprechen?« »Ja, kommen Sie nur.« Im Grunde möchte ich gar nicht mit demjenigen sprechen, es passt mir nicht. Ich möchte heute abend eine bestimmte Sendung im Fernsehen sehen, aber ich kann ihm doch nicht Nein sagen? Ich bringe es nicht fertig, nein zu sagen. Also:

»Kommen Sie nur!« und dabei denke ich mir: »O Gott, wie halte ich das nur aus?«

Ich fühle mich nicht wohl, wenn ich zusage, und ebensowenig, wenn ich Nein sage – also wähle ich das kleinere Übel und antworte: »In Ordnung, kommen Sie nur.« Ich werde froh sein, wenn der Besuch vorbei ist und werde dann endlich aufhören können zu lächeln. Aber der Besuch kommt und ich begrüße ihn: »Wie geht es Ihnen?« »Danke, gut«, erwidert er und fängt an zu reden und zu reden, über die Arbeitsgruppe und wie gut sie ihm gefällt. Dabei denke ich mir: »Wenn er doch endlich zur Sache käme.« Schließlich kommt er zur Sache, worauf ich ihm sage: »Jeder Esel könnte dieses Problem lösen«, und ihn dann hinauswerfe – beides natürlich nur dem Sinn nach.

»Puh! Das wäre geschafft«, denke ich mir. Aber am nächsten Morgen nach dem Frühstück (weil ich das Gefühl habe, zu hart gewesen zu sein) gehe ich auf ihn zu und spreche ihn an: »Und, wie geht's?« »Ganz gut«, antwortet er und fügt hinzu: »Wissen Sie, was Sie mir gestern gesagt haben, ist mir eine große Hilfe. Kann ich Sie heute nach dem Abendessen sprechen?« O nein!

Die schlechteste Art von Nächstenliebe ist die, etwas zu tun, um kein schlechtes Gewissen zu haben. Sie bringen es nicht fertig zu sagen, dass Sie in Ruhe gelassen werden möchten. Sie wollen, dass die Leute gut von Ihnen denken. Wenn Sie einwenden: »Ich möchte andere nicht verletzen«, erwidere ich: »Vergessen Sie's! Ich glaube Ihnen nicht.« Ich glaube niemandem, der behauptet, er oder sie würde andere nicht gern verletzen. Wir verletzen andere recht gern, besonders ein paar ganz bestimmte Leute. Es fällt uns nicht schwer. Und tut dies jemand anders, freuen wir uns darüber. Aber wir wollen die Verletzung nicht selbst zufügen, weil *wir selbst* dabei verletzt werden. Das ist es nämlich. Wenn wir jemand verletzen, bekommen die anderen eine schlechte Meinung von uns. Sie werden uns bald nicht mehr schätzen, werden schlecht von uns reden, und *das* mögen wir nicht!

Was haben Sie auf dem Herzen?

Das Leben ist ein Festessen. Das Tragische dabei ist, dass die meisten Menschen den Hungertod sterben. Das ist es, worüber ich sprechen möchte. Ich kenne eine nette Geschichte von ein paar Leuten, die auf einem Floß vor der brasilianischen Küste trieben und am Verdursten waren. Sie ahnten nicht, dass das Wasser um sie herum Süßwasser war. Der Fluß strömte so kraftvoll ins Meer, dass sein Wasser einige Meilen weit vor die Küste gelangte. Deshalb gab es genau dort, wo das Floß trieb, auch Süßwasser. Aber sie wussten es nicht.

Ebenso sind wir von Freude, Glück und Liebe umgeben. Die meisten Menschen ahnen es nur nicht, weil sie nichts mehr klar erkennen können, weil sie hypnotisiert sind, weil sie schlafen. Stellen Sie sich einen Zauberer auf der Bühne vor, der jemanden so hypnotisiert, dass er nur sieht, was nicht da ist, und das, was da ist, nicht sieht. Genauso ist es. Kehren Sie um und nehmen Sie die gute Nachricht an. Kehren Sie um, und werden Sie wach!

Weinen Sie nicht über Ihre Sünden. Warum über Sünden weinen, die man beging, während man schlief? Wollen Sie etwas beklagen, was Sie in einem Zustand der Hypnose getan haben? Warum wollen

Sie sich mit solch einem Menschen vergleichen? Werden Sie wach! Kehren Sie um! Denken Sie um. Sehen Sie alles mit neuen Augen, denn »das Reich Gottes ist da!« Nur wenige Christen nehmen diese Neuigkeit ernst. Ich sagte schon, dass das erste, was Sie tun müssen, ist: wach werden – sich der Tatsache stellen, dass Sie nicht wach werden wollen. Viel lieber würden Sie alles so haben, wie es Ihnen im Zustand der Hypnose kostbar und wichtig erschien, so wichtig für Ihr Leben und Ihr Überleben.

Zweitens: Verstehen – verstehen, dass Sie möglicherweise falsche Vorstellungen haben, die Ihr Leben beeinflussen und es zu dem Gewirr machen, das es ist, und die Sie weiterschlafen lassen; Vorstellungen von der Liebe, von der Freiheit, vom Glück und anderem mehr. Es ist gar nicht einfach, jemandem zuzuhören, der diese Vorstellungen, die Ihnen kostbar geworden sind, in Frage stellt.

Es gibt einige interessante Studien über das Phänomen der Gehirnwäsche. Aus ihnen geht hervor, dass es sich bereits dann um Gehirnwäsche handelt, wenn man einen Gedanken annimmt oder verinnerlicht, der nicht der eigene ist. Und das Komische daran ist, dass man bereit wäre, für diesen Gedanken zu sterben. Ist das nicht seltsam? Der erste Test, ob sich bei Ihnen Folgen einer Gehirnwäsche zeigen, und Sie Überzeugungen und Einstellungen verinnerlicht haben, findet in dem Moment statt, da diese angegriffen werden. Sie sind verblüfft, reagieren emotional. Das ist ein ziemlich gutes Zeichen – kein unfehlbares, aber ein recht gutes Zeichen –, dass es sich hier um Gehirnwäsche handelt. Sie sind bereit, für eine Idee zu sterben, die niemals Ihre eigene war. Terroristen oder Heilige (sogenannte) nehmen eine Idee an, verschlingen sie restlos und sind bereit, für sie zu sterben.

Es ist nicht einfach zuzuhören, vor allem dann nicht, wenn man sich über eine Idee leicht erregt. Ja, auch wenn man nicht leicht erregbar ist, ist es nicht einfach zuzuhören – hört man alles vom eigenen vorprogrammierten, konditionierten, hypnotisierten Standpunkt aus. Man interpretiert oft alles, was gesagt wird, nach dem einmal eingeprägten Begriffsmuster.

Wie jene Frau, die nach einem Vortrag über Ackerbau und Viehzucht fragt: »Entschuldigen Sie, mein Herr, ich stimme hierin mit Ihnen völlig überein, dass der beste Dung alter Pferdemist ist. Würden Sie uns aber bitte noch sagen, wie alt genau die Pferde sein müssen?«

Erkennen Sie die Einstellung dieser Frau? Wir haben alle unsere Standpunkte, oder? Von diesen Standpunkten aus hören wir den anderen zu: »Hast du dich aber verändert, Henry! Du warst doch immer so groß, und jetzt kommst du mir so klein vor. Du warst doch immer so stattlich, und jetzt erscheinst du mir so schmal. Du warst doch immer so blass – und jetzt bist du so braun. Was ist mit dir los, Henry?«

Und Henry sagt: »Ich heiße gar nicht Henry, ich heiße John.« – »Ach, deinen Namen hast du auch geändert!« – Wie will man solch einen Menschen zum Zuhören bekommen?

Das Schwierigste auf der Welt ist Hören und Sehen. Wir wollen nicht sehen. Oder meinen Sie, ein Kapitalist möchte das Gute am kommunistischen System sehen? Meinen Sie, ein Kommunist möchte das Gute und Vernünftige am kapitalistischen System sehen? Meinen Sie, ein Reicher will Arme sehen? Wir wollen nicht sehen, denn würden wir es tun, könnten wir uns ja ändern. Wir wollen nicht sehen. Wenn man sieht, verliert man leicht die Kontrolle über sein Leben, das man so mühsam aufrechterhält. Deshalb ist das Dringendste, was man zum Wachwerden braucht, nicht Energie, Stärke, Jugendlichkeit oder gar große Intelligenz. Das allein Notwendige ist die Bereitschaft, etwas Neues zu lernen. Die Wahrscheinlichkeit, wach zu werden, steht in direktem Zusammenhang damit, wieviel Wahrheit Sie ertragen können, ohne vor ihr wegzulaufen. Wieviel sind Sie bereit zu ertragen? Wieviel von dem, was Ihnen lieb und teuer geworden ist, sind Sie bereit aufzugeben, ohne davonzulaufen? Wie sehr sind Sie bereit, über etwas Unvertrautes nachzudenken?

Die erste Reaktion ist Furcht. Nicht dass wir das Unbekannte fürchteten. Man kann nicht fürchten, was man nicht kennt. Vor was man sich eigentlich fürchtet, ist der Verlust des Bekannten. Davor fürchten wir uns. An einem Beispiel habe ich schon gezeigt, dass alles, was wir tun, von Egoismus überschattet wird. Wir hören das nicht so gern. Aber denken wir noch etwas näher darüber nach.

Wenn alles, was wir tun, dem Eigennutz entspringt – ob nun aufgeklärt oder nicht –, was ist dann von all der Nächstenliebe und den guten Taten jedes einzelnen zu halten?

Dazu eine kleine Übung: Denken Sie an alle guten Taten, die Sie getan haben, oder nur an ein paar (denn ich kann Ihnen nur ein paar Sekunden Zeit geben). Jetzt verstehen Sie, dass sie in Wirklichkeit einem Eigennutz entsprungen sind, ob Ihnen das bewusst war oder nicht. Was ist mit Ihrem Stolz, was ist mit Ihrer Eitelkeit? Was ist mit dem guten Gefühl, das Sie sich selbst verschafft haben, das Schulterklopfen, wenn Sie etwas für selbstlos hielten? Es wird recht fade, oder? Was ist jetzt mit dem Herunterschauen auf den Nachbarn, den Sie für so egoistisch hielten? Bald sieht alles ganz anders aus, nicht wahr? »Ja«, sagen Sie, »aber mein Nachbar hat eine viel gröbere Art als ich.« Aber Sie sind der viel Gefährlichere.

Jesus scheint weniger Probleme mit Menschen gehabt zu haben, die anders waren als Sie. Viel weniger Probleme. Er bekam Probleme mit den Menschen, die wirklich davon überzeugt waren, gute Menschen zu sein. Andere schienen ihm nicht viel Kummer bereitet zu haben, diejenigen, die ohne Umschweife egoistisch waren und es auch wussten. Sehen Sie, wie befreiend das ist? Also wachen Sie auf! Sind Sie niedergeschlagen? Vielleicht sind Sie es. Ist es nicht gut zu merken, dass man nicht besser ist als alle anderen auf dieser Welt? Ist das nicht wunderbar? Sind Sie enttäuscht? Sehen Sie einmal, was wir ans Licht gebracht haben! Was ist mit Ihrer Eitelkeit? Sie würden sich gern das gute Gefühl verschaffen, besser als die anderen zu sein. Aber erkennen Sie, was für einen Trugschluß wir aufgedeckt haben!

Gut, böse oder einfach Glück gehabt

Mir scheint Egoismus einem Selbsterhaltungstrieb zu entspringen, der unser erster und tiefster Instinkt ist. Wie können wir uns für Selbstlosigkeit entscheiden? Es wäre fast wie sich für das Nichtsein zu entscheiden. Für mich wäre es dasselbe wie Nichtsein. Was auch immer es sei, sage ich: Hören Sie damit auf, sich für schlecht zu halten, weil Sie egoistisch sind. Wir sind alle gleich. Jemand sagte einmal etwas sehr Schönes von Jesus, und derjenige war nicht einmal Christ. Er sagte: »Das Schönste bei Jesus war, dass er mit Sündern so vertraut war, denn er verstand sie besser als sie sich selbst.«

Wir unterscheiden uns von anderen – zum Beispiel von Verbrechern – nur darin, was wir tun oder lassen, und *nicht darin, was wir sind*. Der Unterschied zwischen Jesus und diesen anderen war, dass er erwacht war und sie nicht. Beobachten Sie einmal Menschen, die im Lotto gewonnen haben. Sagen diese vielleicht: »Ich bin so stolz, diesen Gewinn annehmen zu dürfen – nicht für mich, sondern für mein Vaterland und für meine Gesellschaft.« Spricht jemand so, wenn er im Lotto gewinnt? Nein. Weil sie Glück gehabt haben, *Glück*. Also haben sie im Lotto gewonnen, sechs Richtige. Gibt es dabei irgend etwas, worauf man stolz sein könnte?

Nicht anders würden Sie sich verhalten, wenn Sie zur Erleuchtung gelangt wären und darin den eigenen Nutzen sehen und eben glücklich sein würden. Wollen Sie sich im Ruhm sonnen? Was gibt es denn da zu rühmen? Können Sie nicht sehen, wie unendlich dumm es ist, sich auf seine guten Taten etwas einzubilden? Der eitle Tugendbold ist kein böser, sondern ein dummer Mann. Er hört nicht auf zu denken. Jemand sagte einmal: »Ich wage nicht, aufzuhören zu denken, denn täte ich es, wüßte ich nicht, wie ich wieder damit anfangen soll.«

Enttäuschung –
Befreiung von Täuschung

Wenn Sie aufhoren würden zu denken, würden Sie merken, dass es gar nichts gibt, worauf Sie stolz sein können. Wie wirkt sich das auf Ihre Beziehungen zu den Mitmenschen aus? Über was beschweren Sie sich?

Einmal kam ein junger Mann zu mir, um sich darüber zu beschweren, dass ihn seine Freundin betrogen, dass sie ihm etwas vorgespielt hätte. Worüber beschweren Sie sich? Haben Sie etwas Besseres erwartet? Erwarten Sie das Schlimmste, Sie haben es mit Egoisten zu tun. Sie sind der Narr – Sie haben sie verherrlicht, oder? Sie dachten, sie sei eine Prinzessin, Sie dachten, die Menschen seien nett. Sind sie nicht! Sie sind nicht nett. Die Menschen sind genauso schlecht wie Sie selbst – schlecht, verstehen Sie? Sie schlafen, genau wie Sie. Und was suchen sie wohl? Ihren eigenen Nutzen, genau wie Sie. Da besteht kein Unterschied. Können Sie sich vorstellen, wie befreiend es ist, nie wieder desillusioniert, nie wieder enttäuscht zu werden? Sie werden sich nie wieder betrogen oder abgewiesen fühlen. Sie möchten wach werden? Sie möchten glücklich sein? Sie wollen Freiheit?

Hier ist, was Sie suchen: Vergessen Sie Ihre falschen Ansichten. Durchschauen Sie die Menschen. Wenn Sie sich selbst durchschauen, können Sie jeden anderen durchschauen. Dann werden Sie die Menschen lieben. Andernfalls werden Sie Ihre ganze Zeit mit Ihren falschen Vorstellungen von ihnen verschwenden, mit Ihren Illusionen, die dauernd mit der Wirklichkeit in Konflikt geraten.

Wahrscheinlich ist das für viele zu verblüffend, um verstehen zu können, dass von jedem, außer von den sehr wenigen Erwachten, *erwartet* werden kann, dass er oder sie egoistisch ist und auf den eigenen Nutzen bedacht, ob auf ungehobelte oder auf raffinierte Art und Weise. Das führt Sie zu der Einsicht, dass es nichts gibt, worüber man enttäuscht, nichts, worüber man desillusioniert sein könnte. Wären Sie immer realistisch gewesen, wären Sie nie enttäuscht worden. Aber Sie wollten ja die Menschen in leuchtenden Farben malen, Sie wollten sie ja nicht durchschauen, weil Sie ich selbst nicht durchschauen wollten. Also bezahlen Sie jetzt den Preis.

Bevor wir darauf näher eingehen, lassen Sie mich eine Geschichte erzählen. Jemand fragte mich einmal: »Wie ist denn Erleuchtetsein? Wie ist es denn, wach geworden zu sein?«

Es ist wie mit dem Landstreicher in London, der sich für die Nacht einrichtete. Kaum eine Brotkruste hatte er zu essen bekommen. Er begab sich an das Ufer der Themse und kauerte sich in eine Mulde. Im leichten Nieselregen zog er seinen zerschlissenen Mantel fester um sich. Er wollte gerade einschlafen, als auf einmal ein Rolls-Royce mit Chauffeur anhielt. Eine schöne junge Dame stieg aus dem Wagen und beugte sich zu ihm: »Sie armer Mann, wollen

Sie etwa die Nacht hier am Ufer verbringen?« »Ja«, erwiderte der Landstreicher. Die Frau entgegnete: »Das werde ich nicht zulassen. Sie kommen mit in mein Haus und werden darin bequem übernachten, nachdem Sie gut zu Abend gegessen haben.« Sie bestand darauf, dass er einstieg.

Also fuhren sie aus London hinaus und kamen zu einer großen Villa in einem weiten Park. Dem Butler, der sie ins Haus führte, sagte die Dame: »James, sorgen Sie bitte dafür, dass er ein Dienstbotenzimmer bekommt und es ihm an nichts fehlt.« James tat wie ihm geheißen. Die junge Dame hatte bereits die Kleider abgelegt, um ins Bett zu gehen, als ihr plötzlich wieder ihr Übernachtungsgast einfiel. Also zog sie sich etwas über und ging den Gang entlang zu den Dienstbotenzimmern. Unter der Zimmertür des Landstreichers fiel ein Lichtstreifen hindurch. Sie klopfte behutsam an die Tür, öffnete sie und sah, dass der Mann noch wach war. Sie sagte zu ihm: »Was ist, guter Mann, haben Sie kein rechtes Essen bekommen?« Darauf erwiderte er: »In meinem ganzen Leben habe ich noch kein besseres Essen gehabt, meine Dame.« »Haben Sie warm genug?« »Ja, ein schönes, warmes Bett.« »Vielleicht brauchen Sie ein bißchen Gesellschaft. Wollen Sie nicht ein Viertelstündchen zu mir herüberkommen?« Dann rückte sie näher zu ihm, und er rutschte näher zu ihr – und fiel genau in die Themse.

Ätsch! Damit haben Sie bestimmt nicht gerechnet! Erleuchtung! Wachen Sie auf. Wenn Sie bereit sind, Ihre falschen Vorstellungen gegen die Wirklichkeit einzutauschen, wenn Sie bereit sind, Ihre Träume gegen Tatsachen einzutauschen, ist das der Weg, auf dem Sie alles finden können, auf dem das Leben Sinn erhält – und das Leben wird schön.

Oder die Geschichte von Ramirez: Ramirez ist schon alt und lebt in seiner Burg hoch oben auf dem Berg. Er schaut zum Fenster hinaus (er ist gelähmt und liegt im Bett) und sieht seinen Feind. Alt wie er ist und auf einen Stock gestützt, erklimmt der Feind den Berg – langsam und beschwerlich. Nach etwa zweieinhalb Stunden ist er endlich oben angelangt. Doch Ramirez kann nichts tun, weil die Diener ihren freien Tag haben. So öffnet der Feind die Tür, geht geradewegs zum Schlafzimmer, greift mit der Hand in den Mantel und holt eine Waffe hervor. Er sagt: »Endlich, Ramirez, werden wir unsere Rechnung begleichen!« Ramirez versucht alles, um ihm sein Vorhaben auszureden: »Komm schon, Borgia, das kannst du doch nicht tun. Du weißt genau, dass ich nicht mehr derselbe bin, der dich vor Jahren als junger Springinsfeld übel traktiert hat; und du bist auch nicht mehr derselbe junge Bursche. Hör auf damit!« – »O nein«, erwidert sein Feind, »deine schönen Worte können mich nicht von meiner göttlichen Mission abbringen. Ich will Rache, und du kannst mich nicht davon abhalten.« Ramirez antwortet: »Doch kann ich!« »Und wie?« fragt sein Feind. »Ich kann wach werden«, sagt Ramirez. Und das tat er; er wurde wach! Das ist Erleuchtung. Wenn Ihnen jemand sagt: »Da kannst du gar nichts machen«, sagen Sie: »Und ob! Ich kann wach werden.« Und auf einmal ist das Leben nicht mehr der Alptraum, als der es erschien. Wachen Sie auf!

Jemand kam zu mir, um mir eine Frage zu stellen. Was meinen Sie wohl, wie seine Frage lautete? Er fragte mich: »Sind Sie erleuchtet?« Und was, glauben Sie, wie meine Antwort war? »Was hat das schon zu sagen!«

Möchten Sie eine bessere Antwort? Meine Antwort wäre dann: »Wie kann ich es wissen? Wie können Sie es wissen? Was hat das schon zu sagen?« Wissen Sie was? Wenn Sie etwas zu sehr wollen, haben Sie große Probleme. Wissen Sie noch etwas? Wenn ich erleuchtet wäre, und Sie würden mir nur deswegen zuhören, hätten Sie wirklich große Probleme. Möchten Sie von einem Erleuchteten in Ihrem Willen beeinflußt werden? Sie können von jedem beeinflußt werden. Was spielt das schon für eine Rolle, ob jemand erleuchtet ist oder nicht? Aber sehen Sie, wir möchten uns an jemanden anlehnen, oder? Wir möchten uns auf jemanden stützen, von dem wir glauben, dass er es geschafft hat. Wir hören gern, dass Leute es geschafft haben. Es gibt uns Hoffnung, nicht wahr? Auf was wollen Sie denn hoffen? Ist das nicht nur eine andere Form von Wunschdenken?

Sie wollen auf etwas besseres hoffen als das, was Sie jetzt haben, oder? Sonst würden Sie ja nicht hoffen. Doch dann vergessen Sie, dass Sie schon alles haben und es nur nicht wissen. Warum richten Sie Ihre Aufmerksamkeit nicht auf das Jetzt, statt auf bessere Zeiten zu hoffen? Warum verstehen Sie nicht das Jetzt, statt es zu vergessen und auf die Zukunft zu hoffen? Ist die Zukunft nicht nur eine weitere Illusion?

Selbst-Beobachtung

Die einzige Art, wie Ihnen jemand helfen kann, ist, dass er Ihre Vorstellungen hinterfragt. Wenn Sie dazu bereit sind zuzuhören, und wenn Sie dazu bereit sind, in Frage gestellt zu werden, ist das etwas, was Sie tun können. Aber *niemand kann Ihnen helfen.* Was ist das Wichtigste dabei? Es ist die Selbstbeobachtung. Niemand kann Ihnen dafür eine Methode oder eine Technik zur Hand geben. In dem Augenblick, da Sie eine Technik übernehmen, sind Sie wieder programmiert. Aber Selbstbeobachtung – auf sich selbst achten – ist wichtig. Es ist nicht dasselbe wie in sich selbst aufzugehen. In sich selbst aufzugehen ist Egozentrik, bei der Sie nur in Sorge um sich selbst leben, sich um sich selbst Gedanken machen. Ich meine jedoch Selbst*beobachtung.* Was ist das eigentlich?

Es bedeutet, alles in sich selbst und um sich herum zu beobachten, so gut es geht, und es so betrachten, als geschähe es jemand anderem. Was bedeutet das konkret? Es bedeutet, dass Sie das, was Ihnen passiert, nicht persönlich nehmen. Es heißt, die Dinge so zu betrachten, als hätten Sie keinen Bezug zu ihnen.

Der Grund, weshalb Sie unter Ihrer Niedergeschlagenheit und Ihren Ängsten leiden, liegt darin, dass Sie sich mit ihnen identifizieren. Sie sagen: »Ich bin niedergeschlagen.« Das ist aber falsch. Sie sind gar nicht niedergeschlagen. Wenn Sie korrekt sein wollten, würden Sie zum Beispiel sagen: »Ich erlebe gerade eine Phase der Niedergeschlagenheit.« Hingegen können Sie kaum sagen: »Ich bin niedergeschlagen.« Sie sind nicht Ihre Niedergeschlagenheit. Das ist nur ein seltsamer Trick des Verstands, eine merkwürdige Illusion. Sie haben sich selbst vorgemacht – obwohl Sie sich dessen nicht bewusst sind –, dass Sie Ihre Niedergeschlagenheit und Ihre Ängste *sind*, dass Sie Ihre Freude oder Begeisterung, die Sie erleben, *sind*. »Ich bin erfreut!« Sie sind sicherlich nicht erfreut. Vielleicht ist Freude in Ihnen, doch warten Sie nur ab, das wird sich ändern, es wird nicht andauern; es dauert nie lange; es ändert sich ständig, ändert sich immer. Wolken kommen und ziehen vorüber: manche sind dunkel und manche sind hell, manche sind groß, andere sind klein. Wenn wir der Analogie folgen wollen, wären Sie der Himmel und beobachteten die Wolken. Sie sind der passive, unbeteiligte Beobachter. Das ist schockierend, besonders für einen Menschen der westlichen Kultur. Sie greifen gar nicht ein. Greifen Sie auch wirklich nicht ein, rücken Sie nichts zurecht. Schauen Sie zu! Beobachten Sie!

Das Problem bei den Menschen ist, dass sie ständig alles zurechtrücken wollen, auch wenn sie es gar nicht verstehen. Wir rücken immer alles zurecht, oder? Nie kommen wir auf den Gedanken, dass gar nichts zurechtgerückt werden muss; muss es wirklich nicht. Darin liegt eine große Erleuchtung. Man muß die Dinge nur verstehen. Wenn Sie sie verstanden haben, werden sie sich verändern.

Bewusstheit, ohne alles zu bewerten

Wollen Sie die Welt verändern? Wie wäre es, wenn Sie mit sich selbst anfingen? Wie wäre es, selbst zuerst umgewandelt zu werden? Doch wie ist das zu erreichen? Durch Beobachtung, durch Verstehen; ohne Eingreifen oder Aburteilen von Ihrer Seite. Denn was man verurteilt, kann man nicht verstehen.

Wenn Sie von jemandem sagen: »Er ist Kommunist«, hört Ihr Verständnis in diesem Moment auf. Sie haben diesem Menschen ein Etikett aufgeklebt. »Sie ist Kapitalistin.« In diesem Augenblick ist es mit dem Verständnis zu Ende. Sie haben ihr ein Etikett aufgeklebt, und haftet dem Etikett ein Unterton von Billigung oder Mißbilligung an, ist es um so schlimmer. Wie wollen Sie dann noch verstehen, was Sie mißbilligen oder billigen? Das alles klingt nach einer neuen Welt, nicht wahr? Kein Urteil, kein Kommentar, keine Stellungnahme: man beobachtet einfach, man untersucht es, sieht zu, und zwar ohne den Wunsch, das Bestehende zu verändern. Denn wenn Sie das Bestehende in das verändern wollen, was Sie denken, wie es sein sollte, verstehen Sie es nicht mehr.

Ein Hundetrainer versucht, einen Hund zu verstehen, damit er ihm beibringen kann, bestimmte Dinge zu tun. Ein Wissenschaftler beobachtet das Verhalten von Ameisen, und will nichts weiter, als eben Ameisen beobachten, um dabei soviel wie möglich über sie zu lernen. Er hat kein anderes Ziel. Er versucht nicht, sie zu dressieren oder irgend etwas anderes mit ihnen anzustellen. Er interessiert sich für Ameisen, er will möglichst viel über sie erfahren. Das ist seine Einstellung. An dem Tag, da Sie diese Einstellung besitzen, werden

Sie ein Wunder erleben. Sie werden sich verändern – mühelos und auf die richtige Art und Weise. Die Veränderung wird einfach geschehen, Sie werden nichts dazu tun müssen. Wenn ein Leben des Bewusstwerdens sich über Ihre Dunkelheit breitet, wird alles Böse verschwinden. Das Gute wird hervortreten. Sie werden es an sich selbst erfahren müssen.

Doch dafür bedarf es der Disziplin. Und wenn ich Disziplin sage, meine ich nicht Anstrengung. Ich spreche von etwas anderem. Haben Sie schon einmal Athleten beobachtet? Ihr ganzes Leben ist Sport, doch sie führen ein diszipliniertes Leben. Und betrachten Sie doch einmal einen Fluß, der zum Meer fließt. Er schafft sich seine eigenen Dämme, die ihn wiederum eindämmen. Wenn es etwas in Ihnen gibt, das sich in die richtige Richtung bewegt, schafft es sich seine eigene Disziplin. Der Augenblick, da Sie die Bewusstheit erfaßt, ist großartig! Es ist die wichtigste Sache der Welt. Es gibt nichts Wichtigeres als wach zu werden. Nichts! Natürlich ist es auch auf seine eigene Art
und Weise Disziplin.

Es gibt nichts Schöneres als bewusst zu leben. Oder würden Sie lieber im Dunkeln leben? Würden Sie lieber handeln und sich Ihres Tuns nicht bewusst sein, sprechen und sich Ihrer Worte nicht bewusst sein? Würden Sie lieber Menschen zuhören und sich nicht bewusst sein, was Sie hören, Dinge sehen und sich nicht bewusst sein, was Sie betrachten? Sokrates sagte: »Das unbewusste Leben ist es nicht wert, gelebt zu werden.« Eine selbstverständliche Wahrheit. Die meisten Menschen leben nicht bewusst. Sie leben mechanisch, denken mechanisch – im allgemeinen die Gedanken anderer –, fühlen mechanisch, handeln mechanisch, reagieren mechanisch.

Wollen Sie sehen, wie mechanisch Sie wirklich sind? »Oh, tragen Sie aber ein hübsches Hemd.« Es tut Ihnen gut, so etwas zu hören. Allein wegen einem Hemd, nicht zu glauben! Sie sind stolz auf sich, wenn Sie so etwas hören.

Es kommen Menschen in mein Zentrum in Indien und sagen: »Was für ein schöner Ort, diese schönen Bäume« (für die ich überhaupt nicht verantwortlich bin), »dieses herrliche Klima!« Und schon fühle ich mich gut, bis ich mich dabei erwische, dass mir das gut getan hat, und ich mir sage: »He, kannst du dir so etwas Dummes vorstellen?« Ich bin doch nicht für diese Bäume verantwortlich und habe auch nicht diesen Ort ausgesucht, so wenig wie ich das Wetter bestellt habe; es ist einfach so. Aber ich fühle mich angesprochen, also tut es mir gut. Ich bin stolz auf »meine« Kultur und »mein« Volk. Wie dumm kann man noch werden? Wirklich wahr!

Man sagt mir, dass meine große indische Kultur all die Mystiker hervorgebracht hat. Ich habe sie nicht geschaffen, ich bin nicht für sie verantwortlich. Oder man sagt mir: »Ihr Land mit dieser Armut

– einfach abstoßend.« Ich schäme mich dafür, aber ich habe sie nicht verursacht. Was ist also los? Haben Sie halt gemacht, um einmal nachzudenken? Jemand sagt: »Ich finde Sie sehr charmant« – und schon fühle ich mich ausgezeichnet. Ich bekomme einen positiven Impuls (deshalb sagt man »Ich bin okay – du bist okay«). Irgendwann werde ich noch ein Buch schreiben mit dem Titel »Ich bin ein Narr – du bist ein Narr«. Das ist die befreiendste und wunderbarste Sache der Welt – zuzugeben, ein Narr zu sein. Wenn mir jemand sagt: »Sie haben unrecht«, sage ich: »Was ist von einem Narr schon zu erwarten?«

Entwaffnet, jeder muss entwaffnet werden. In der letztendlichen Befreiung bin ich ein Narr – und Sie sind ein Narr. Normalerweise funktioniert das so: Ich drücke auf einen Knopf, und Sie fühlen sich gut; ich drücke auf einen anderen Knopf, und Sie fühlen sich schlecht. Und das gefällt Ihnen.

Wie viele Menschen kennen Sie, die sich von Lob und Tadel nicht beeinflussen lassen? Das ist doch nicht menschlich, sagen wir. Menschlich zu sein heißt, ein Narr zu sein und nach jedermanns Pfeife zu tanzen und immer zu tun, was man tun sollte. Aber ist das menschlich? Wenn Sie mich charmant finden, heißt das nur, dass Sie gerade gut gelaunt sind, und nichts weiter.

Es heißt auch, dass ich auf Ihre Einkaufsliste passe. Wir alle tragen eine Einkaufsliste mit uns herum und tun so, als müßten wir alles an dieser Einkaufsliste messen – Groß? Ja. Dunkel? Ja. Attraktiv, genau mein Geschmack. »Ich mag den Klang seiner Stimme.« Sie sagen: »Ich bin verliebt.« Sie sind nicht verliebt, Sie einfältiger Narr. Jedesmal, wenn Sie verliebt sind – ich zögere, das zu sagen –, sind Sie ganz besonders närrisch. Setzen Sie sich hin, und schauen Sie, was mit Ihnen los ist. Sie rennen vor sich selbst weg. – Sie wollen entkommen.

Jemand sagte einmal: »Gott sei Dank gibt es die Wirklichkeit – und die Möglichkeiten, ihr zu entkommen.« Genau das ist es, was eigentlich geschieht. Wir sind so mechanisch, so kontrolliert. Wir schreiben ganze Bücher über das Kontrolliertwerden und wie schön es ist, kontrolliert zu werden, und wie wichtig, dass die Leute einem sagen, dass man »okay« ist. Dann sind sie zufrieden mit sich. Wie schön ist es doch, eingesperrt zu sein! Oder wie mir gestern jemand sagte, in seinem Käfig zu sitzen. Sind Sie gerne eingesperrt? Werden Sie gerne kontrolliert? Darf ich Ihnen etwas sagen? Wenn Sie sich selbst erlauben, sich gut zu fühlen, sobald man Ihnen sagt, dass Sie okay sind, schaffen Sie die Voraussetzung dafür, sich schlecht zu fühlen, sobald man Ihnen sagt, dass Sie nicht okay sind. Solange Sie dafür leben, die Erwartungen anderer zu erfüllen, achten Sie darauf, was Sie anziehen, wie Sie sich frisieren, ob Ihre Schuhe geputzt sind – kurz, ob Sie jeder lächerlichen Erwartung entsprechen wollen. Nennen Sie das menschlich?

Und das werden Sie entdecken, wenn Sie sich beobachten! Sie werden entsetzt sein! Der springende Punkt ist, dass Sie weder okay noch nicht okay sind. Sie können höchstens der momentanen Stimmung, dem Trend oder der Mode entsprechen. Heißt das nun, dass Sie okay geworden sind? Hängt Ihr Okay-Sein davon ab? Hängt es davon ab, wie man über Sie denkt? Jesus muss demnach überhaupt nicht okay gewesen sein. Sie sind nicht ›okay‹, und Sie sind nicht ›nicht okay‹, Sie sind Sie selbst! Ich hoffe, dass dies eine wichtige Entdeckung für Sie wird, zumindest für einige von Ihnen. Vergessen Sie das ganze Gerede von okay und nicht okay. Vergessen Sie alle

Urteile, und beobachten Sie einfach, schauen Sie zu. Sie werden wichtige Entdeckungen machen, die Sie verändern werden. Sie werden sich nicht im geringsten anstrengen müssen, glauben Sie mir.

Das erinnert mich an einen Mann im London nach dem Zweiten Weltkrieg. Er saß auf seinem Platz in der U-Bahn und hatte ein in braunes Packpapier eingewickeltes Paket auf dem Schoß; ein großes, schweres Ding. Der Schaffner kam zu ihm und fragte: »Was haben Sie da auf dem Schoß?« Worauf der Mann sagte: »Das ist eine Bombe, sie ist noch scharf. Wir haben sie im Garten ausgegraben. Ich bringe sie jetzt zur Polizei.« Der Schaffner verfügte: »Sie wollen die doch wohl nicht auf dem Schoß tragen! Tun Sie das Ding gefälligst unter den Sitz.«

Psychologie und Spiritualität (was wir im allgemeinen darunter verstehen) bringen die Bombe von Ihrem Schoß unter Ihren Sitz. Sie lösen Ihre Probleme eigentlich nicht, sondern tauschen Ihre Probleme gegen andere Probleme. Ist Ihnen das schon einmal aufgefallen? Sie hatten ein Problem und tauschen es jetzt gegen ein anderes ein? So wird es immer sein, es sei denn, wir lösen das Problem, das »Sie selbst« heißt.

Die Illusion der Belohnungen

Die großen Mystiker und Meister des Ostens stellen die Frage:»Wer bist du?« Viele meinen, die wichtigste Frage der Welt sei:»Wer ist Jesus Christus?« Falsch! Andere meinen, sie laute:»Gibt es einen Gott?« Auch falsch! Wieder andere denken, es sei die Frage:»Gibt es ein Leben nach dem Tod?« Wiederum falsch! Niemand scheint sich mit dem Problem zu befassen: Gibt es ein Leben *vor* dem Tod? Doch nach meinen Erfahrungen sind die, welche sich mit so etwas beschäftigen und ganz gespannt darauf sind, was sie mit dem *nächsten* Leben anfangen sollen, genau diejenigen, die nicht wissen, was sie mit *diesem* Leben anfangen sollen. Ein Zeichen dafür, dass Sie wach geworden sind, ist, dass Sie sich keinen Deut darum kümmern, was im nächsten Leben geschehen wird. Sie halten sich nicht damit auf und kümmern sich nicht darum. Sie sind nicht daran interessiert, punktum.

Wissen Sie, was ewiges Leben ist? Sie meinen, es sei ein Leben ohne Ende. Doch Ihre eigenen Theologen werden Ihnen sagen, dass das eine verrückte Vorstellung ist, denn ›ohne Ende‹ ist immer noch ein Zeitbegriff – Zeit, die für immer fortdauert. Ewig heißt zeitlos – ohne Zeit. Für den menschlichen Verstand ist das etwas Unfaßbares. Der menschliche Verstand kann Zeit verstehen und sie leugnen. Was zeitlos ist, übersteigt unsere Vorstellungskraft. Die Mystiker jedoch lehren uns, dass die Ewigkeit jetzt geschieht. Ist das keine gute Botschaft?

Ewigkeit geschieht jetzt. Die meisten Menschen sind sehr beunruhigt, wenn ich ihnen sage, sie sollten ihre Vergangenheit vergessen. Sie sind doch so stolz auf ihre Vergangenheit – oder sie schämen sich dafür. Vergessen Sie das alles! Wenn man Ihnen sagt: »Bereuen Sie Ihre Vergangenheit«, sollten Sie sich klarmachen, dass das eine groß aufgezogene Ablenkung vom Wachwerden ist. Werden Sie wach! Zu bereuen bedeutet, wach zu werden, und nicht: »wegen seiner Sünden zu weinen«. Werden Sie wach, und hören Sie mit dem Weinen auf. Wachen Sie auf!

Zu sich selbst finden

Die großen Lehrmeister sagen uns, dass die wichtigste Frage der Welt sei: »Wer bin ich?« Oder vielleicht auch: »Was ist das ›Ich‹«? Was ist das überhaupt, was man das »Ich« oder das »Selbst« nennt? Meinen Sie etwa, Sie hätten sonst alles verstanden, nur das nicht? Meinen Sie, Sie haben die Astronomie samt ihren schwarzen Löchern und Quasaren verstanden, kennen sich mit Computern aus, und wissen nicht, wer Sie sind? Dann schlafen Sie ja immer noch. Sie sind ein schlafender Gelehrter.

Meinen Sie, Sie haben verstanden, wer Jesus Christus ist, und wissen nicht, wer Sie selbst sind? Woher wollen Sie denn wissen, dass Sie Jesus Christus verstanden haben? Wer ist denn derjenige, der etwas versteht? Finden Sie das erst einmal heraus. Das ist die Grundlage von allem. Weil wir uns darüber nicht im klaren sind, gibt es immer noch all diese engstirnigen religiösen Leute, die ihre sinnlosen religiösen Kriege führen – Moslems gegen Juden, Protestanten gegen Katholiken, und so weiter. Sie wissen nicht, wer sie sind, denn wenn sie es wüßten, gäbe es keine Kriege. So wie ein kleines Mädchen einen kleinen Jungen fragte: »Bist du Presbyterianer?« Darauf antwortete der Junge: »Nein, wir haben eine andere Konfrontation.«

Doch worauf ich hier hinaus will, ist die Selbst-Beobachtung. Sie hören mir zu, aber nehmen Sie neben meiner Stimme auch alle anderen Geräusche auf, während Sie mir lauschen? *Achten* Sie auf Ihre Reaktionen, während Sie mir zuhören? Ist das nicht der Fall, werden Sie beeinflußt werden, ohne es zu merken. Oder Sie werden von Kräften in Ihnen selbst beeinflußt, von denen Sie nichts wissen. Und selbst wenn Sie wissen, wie Sie auf mich reagieren, sind Sie sich dabei bewusst, warum Sie so und nicht anders reagieren?

Vielleicht hören ja gar nicht *Sie* mir zu; vielleicht ist es Ihr Vater. Halten Sie das für möglich? Zweifellos ist das möglich. Immer wieder begegne ich in meinen Therapiegruppen Menschen, die eigentlich gar nicht selbst da sind. Ihr Vater ist da, ihre Mutter ist da, nur nicht sie selbst. Ich könnte Sie Satz für Satz auseinandernehmen und fragen: »Stammt dieser Satz jetzt von Papa, Mama, Oma oder Opa, von wem wirklich?«

Wer lebt in Ihnen? Es dürfte Sie ziemlich erschrecken, wenn Sie das erfahren. Sie meinen, Sie sind frei, doch dürfte es keine Geste, keinen Gedanken, keine Gefühlsregung, keine Einstellung, keine Meinung geben, die nicht von einem anderen stammt. Ist das nicht erschreckend? Und Sie wissen es nicht einmal. Ein mechanisches Leben wurde Ihnen da übergestülpt! Sie vertreten in vielen Dingen einen klaren Standpunkt und denken, dass Sie es sind, die diesen Standpunkt haben, doch sind Sie es wirklich? Sie brauchen viel Einsicht, um zu verstehen, dass dieses Etwas, dass Sie »Ich« nennen, einfach eine Anhäufung Ihrer vergangenen Erfahrungen ist, Ihrer unbewussten Beeinflussung und Programmierung.

Eine schmerzliche Feststellung. Wenn Sie beginnen aufzuwachen, erfahren Sie tatsächlich viel Schmerz: Es schmerzt, wenn man sieht, wie Illusionen zerplatzen. Alles, wovon Sie glaubten, Sie hätten es aufgebaut, stürzt zusammen, und das tut weh. Das ist im Grunde Reue, und das ist wirkliches Erwachen. Nehmen Sie sich daher eine Minute Zeit – gerade da, wo Sie jetzt sitzen und achten Sie darauf, was Sie innerlich empfinden – auch während ich spreche –, achten Sie auf Ihre Gedanken und auf Ihren Gefühlszustand. Achten Sie auf die Tafel, wenn Sie die Augen geöffnet haben, auf die Farbe der Wände und auf das Material, aus dem sie sind? Achten Sie auf mein Gesicht und darauf, wie Sie auf dieses Gesicht reagieren? Denn irgendwie reagieren Sie, ob Sie sich dessen bewusst sind oder nicht. Und wahrscheinlich ist auch dies nicht Ihre Reaktion, sondern eine, die Ihnen antrainiert wurde. Und sind Sie sich dessen bewusst, was ich gerade gesagt habe – obwohl das kein Bewusstsein wäre, sondern nur Erinnerungsvermögen.

Seien Sie sich Ihrer Gegenwart in diesem Zimmer bewusst. Sagen

Sie zu sich selbst: »Ich bin in diesem Zimmer.« Das ist, als stünden Sie außerhalb Ihrer selbst und betrachteten sich selbst. Merken Sie, dass es ein etwas anderes Gefühl ist als beim Betrachten von Gegenständen in diesem Zimmer? Später werden wir fragen: »Wer ist denn diese Person, die hier etwas betrachtet?« Ich betrachte mich. Was ist in diesem Satz das »Ich«, und was das betrachtete »Mich«?[1]

Für den Moment reicht es aus, dass ich mich betrachte, doch wenn Sie merken, dass Sie sich ablehnen oder anerkennen, so hören Sie mit dem Ablehnen oder Urteilen oder Anerkennen nicht auf, beobachten Sie es einfach. Ich lehne mich ab, ich mißbillige mich, ich billige mich. Beobachten Sie, mehr nicht. Versuchen Sie nicht, etwas daran zu ändern. Sagen Sie nicht: »Oh, das sollen wir doch nicht tun.« Beobachten Sie einfach, was passiert. Wie ich Ihnen schon sagte, heißt Selbst-Beobachtung Zuschauen – Beobachten, was auch immer in Ihnen und um Sie herum vorgeht, so als geschähe es jemand anderem.

---

[1] Anmerkung der Übersetzerin: Dieses »Mich« – für de Mello soviel wie das Schein-Ich –, das er im Folgenden stets vom »I« als das »Me« unterscheidet, wurde in der Übersetzung weiterhin schlicht mit »Mich« wiedergegeben. Es trifft den Objekt-Charakter des *betrachteten* Ich, von dem sich das Ich als *betrachtendes* Subjekt abhebt.

Das »Ich« herausschälen

Ich schlage jetzt eine andere Übung vor: Schreiben Sie eine kurze Bezeichnung auf, mit der Sie sich beschreiben würden – zum Beispiel Geschäftsmann, Pfarrer, Mensch, Katholik, Jude, etwas in dieser Art.

Wie ich sehe, notieren manche Bezeichnungen wie: erfolgreich, suchender Pilger, kompetent, lebendig, ungeduldig, konzentriert, flexibel, versöhnlich, Liebhaber, Angehöriger der menschlichen Rasse, oberflächlich strukturiert. Sicherlich sind das die Ergebnisse Ihrer Selbstbeobachtung, so als beobachteten Sie eine andere Person.

Doch beachten Sie, dass Sie sich sagten: »Ich« beobachte »Mich«. Dieses interessante Phänomen, dass »Ich« »Mich« betrachten kann, hat schon immer Philosophen, Mystiker und Psychologen gefesselt. Offensichtlich sind Tiere nicht zu so etwas fähig. Anscheinend ist dazu ein gewisser Grad von Intelligenz erforderlich. Was ich Ihnen nun näherbringen möchte, ist nicht Metaphysik, nicht Philosophie, sondern schlichte Beobachtung und gesunder Menschenverstand.

Die großen Mystiker des Ostens beziehen sich auf das »Ich«, und nicht auf das vorgefundene »Mich«. Tatsächlich lehren uns einige dieser Mystiker, dass wir zuerst mit Dingen beginnen, mit einem Bewusstsein von Dingen; danach gelangen wir zu einem Bewusstsein von Gedanken (das ist das »Mich«); schließlich erreichen wir das Bewusstsein von Denkenden. Dinge, Gedanken, Denkende. Was wir eigentlich suchen, ist der oder die Denkende. Kann der oder die Denkende sich selbst kennen? Kann ich wissen, was das »Ich« ist?

Manche dieser Mystiker antworten darauf: »Kann das Messer sich selbst schneiden? Kann der Zahn sich selbst beißen? Kann das Auge sich selbst sehen? Kann das ›Ich‹ sich selbst kennen?« Doch ich befasse mich jetzt mit einer viel praktischeren Frage, nämlich zu klären, was das »Ich« *nicht* ist. Ich werde dabei so langsam wie möglich vorgehen, weil die Folgen umwälzend sind. Ob verheerend oder herrlich, hängt von Ihrem Standpunkt ab.

Hören Sie zu: Bin ich die Gedanken, die ich denke? Nein. Gedanken kommen und gehen; ich bin nicht meine Gedanken. Bin ich mein Körper? Man sagt, dass sich in jeder Minute Millionen von Zellen in unserem Körper wandeln oder neu entstehen, so dass wir nach sieben Jahren keine einzige lebende Zelle mehr in unserem Körper haben, die auch schon vor sieben Jahren da war. Zellen kommen und gehen. Zellen entstehen und sterben. Aber »Ich« bestehe anscheinend fort. Bin ich also mein Körper? Offensichtlich nicht!

Das »Ich« ist etwas anderes und mehr als der Körper. Sie können sagen, dass der Körper ein Teil des »Ichs« ist, jedoch ein Teil, der sich verändert. Er entwickelt sich, verändert sich ständig. Wir haben zwar denselben Namen für ihn, aber er verändert sich. So wie wir die Niagarafälle immer gleich nennen, obwohl sie aus immer anderem Wasser bestehen. Wir benutzen denselben Namen für eine sich dauernd verändernde Wirklichkeit.

Und wie ist es mit meinem Namen? Bin »Ich« mein Name? Offenbar nicht, denn ich kann meinen Namen ändern, aber das »Ich« bleibt. Und meine Karriere? Meine Überzeugungen? Ich sage zwar, dass ich Katholik bin, oder Jude – ist das ein wesentlicher Bestandteil des »Ich«? Wenn ich zu einer anderen Religion konvertiere, verändert sich dabei das »Ich«? Mit anderen Worten: ist mein Name ein wesentlicher Bestandteil von mir, vom »Ich«? Ist meine Religion ein wesentlicher Teil des »Ich«? Ich erzählte bereits von dem kleinen Mädchen, das den Jungen fragte: »Bist du Presbyterianer?«

Mir fällt dazu noch eine andere Geschichte ein: Paddy schlenderte gerade durch die Straßen von Belfast, als ihm plötzlich jemand eine Pistole ins Genick drückte und ins Ohr zischte: »Bist du Protestant oder Katholik?« Paddy musste sich schnell etwas einfallen lassen. Also antwortete er: »Ich bin Jude.« Darauf hörte er hinter sich sagen: »Ich muss der glücklichste Araber in ganz Belfast sein.«

Schubladen und Etiketten sind sehr wichtig für uns. »Ich bin Sozialdemokrat«, sagen wir. Doch sind Sie es wirklich? Sie wollen doch nicht sagen, dass Sie, wenn Sie die Partei wechseln, ein neues »Ich« besitzen. Ist es nicht dasselbe »Ich« mit neuen politischen Überzeugungen? – Ich erinnere mich an einen Mann, der seinen Freund fragte: »Wirst du sozialdemokratisch wählen?« Der Freund antwortete: »Nein, ich werde für die Christdemokraten stimmen. Mein Vater war Christdemokrat, mein Großvater war Christdemokrat und mein Urgroßvater war schon Christdemokrat.« Darauf erwiderte der Mann: »Eine seltsame Logik! Wenn dein Vater Pferdedieb war, dein Großvater Pferdedieb war, und dein Urgroßvater Pferdedieb war, was wärst du dann?« »Ach«, entgegnete der Freund, »dann wäre ich Sozialdemokrat.«

Wir verschwenden viel Zeit in unserem Leben mit Schubladen, in denen wir selbst oder in denen andere stecken. Wir identifizieren das »Ich« mit der Schublade, mit dem Etikett. Katholik und Protestant sind beliebte Schubladen oder Etiketten.

Es war einmal ein Mann, der zu einem Priester ging und bat: »Herr Pfarrer, ich möchte, dass Sie eine Messe für meinen Hund lesen.« Der Priester war empört: »Was soll das heißen, eine Messe für Ihren Hund lesen?« »Es war mein Schoßhund«, sagte der Mann. »Ich habe diesen Hund geliebt und möchte, dass Sie für ihn eine Messe lesen.«

Der Priester wehrte ab: »Wir feiern keine Messen für Hunde. Versuchen Sie es doch bei der Konfession um die Ecke. Fragen Sie dort, ob Sie eine Messe haben können.«

Schon in der Tür, drehte sich der Mann noch einmal um und sagte: »Zu schade, ich habe diesen Hund wirklich geliebt. Ich wollte für die Messe eine Spende von einer Million Dollar machen.«

Darauf der Priester prompt: »Warten Sie doch! Warum haben Sie mir nicht gleich gesagt, dass der Hund katholisch war?«

Welchen Wert haben diese Schubladen, in denen Sie eingesperrt sind, in bezug auf das »Ich«? Könnten wir sagen, dass das »Ich« keine der Schubladen ist, in die wir es stecken? Schubladen gehören zum »Mich«. Was sich dauernd verändert, ist das »Mich«: Verändert sich das »Ich« jemals? Verändert sich der Beobachter jemals? Jedenfalls, welche Schubladen Sie sich auch immer ausdenken mögen (ausgenommen vielleicht die Schublade ›Mensch‹), Sie sollten das »Mich« hineinstecken. Das »Ich« ist keines dieser Dinge. Wenn Sie aus sich selbst heraustreten und das »Mich« beobachten, identifizieren Sie sich nicht länger mit ihm. Das Leiden steckt im »Mich«, und wenn Sie das »Ich« dem »Mich« gleichsetzen, beginnt das Leiden.

Angenommen, Sie haben Angst oder Sie verlangen nach etwas. Wenn das »Ich« nicht mit Geld, dem Namen, der Nationalität oder einer Eigenschaft gleichgesetzt wird, ist das »Ich« auch nicht bedroht. Es kann sehr aktiv sein, aber es ist nicht bedroht. Denken Sie an irgend etwas, was Sie gequält hat oder immer noch quält, schmerzt oder ängstigt.

Erstens: können Sie das Verlangen entdecken, das hinter diesem Leiden steckt? Denn Sie verlangen nach etwas sehr intensiv, sonst würden Sie nicht leiden. Was ist dieses Verlangen?

Zweitens: es handelt sich hier nicht nur um ein Verlangen, sondern um eine Identifikation. Irgendwie haben Sie zu sich gesagt:»Das Wohlbefinden des ›Ich‹, ja die Existenz des ›Ich‹, hängt mit diesem Verlangen zusammen.« Alles Leiden entsteht dadurch, dass ich mich mit etwas identifiziere, sei es nun in mir oder um mich.

Negative Gefühle gegenüber anderen

Ich möchte Sie an etwas Schönem teilhaben lassen, das mir passiert ist. Ich ging ins Kino, und kurz danach arbeitete ich. Zu dieser Zeit hatte ich mit drei Leuten in meinem Leben echte Probleme. So sagte ich mir:»Also gut: wie ich es im Kino gelernt habe, gehe ich jetzt aus mir heraus.« Einige Stunden lang erkundete ich meine Gefühle der Abneigung gegen diese drei Leute. Ich dachte mir:»Ich kann sie wirklich nicht ausstehen.« Dann dachte ich:»Jesus, was kannst du hier tun?« Etwas später fing ich an zu weinen, weil mir klar wurde, dass Jesus genau für diese Leute gestorben ist und sie überhaupt nichts dafür konnten, wie sie waren. An diesem Nachmittag musste ich ins Büro gehen und mit diesen Leuten sprechen. Ich erklärte ihnen, wo mein Problem lag, und sie verstanden mich. Ich war ihnen nicht böse und hatte nichts mehr gegen sie.

Wenn man ein negatives Gefühl gegenüber jemandem hat, lebt man in einer Illusion. Dann stimmt etwas nicht mit einem. Man sieht die Realität nicht mehr. Irgend etwas in einem muss sich ändern. Aber was tun wir normalerweise, wenn wir ein negatives Gefühl haben? Wir sagen: »Er ist schuld, sie ist schuld. Sie muss sich ändern.«

Nein! Die Welt ist schon in Ordnung. Derjenige, der sich ändern muss, sind Sie.

Ein Kursteilnehmer erzählte mir, dass er in einem Heim arbeite. In jeder Belegschaftsversammlung sage jemand das Unvermeidliche: »Das Essen hier ist wirklich das Letzte«, und die zuständige Diätikerin geht regelmäßig an die Decke. Sie hat sich mit dem Essen identifiziert. Sie sagt: »Wer mein Essen angreift, greift mich an; ich fühle mich bedroht.« Doch das »Ich« ist nie bedroht, nur das »Mich«.

Nehmen wir einmal an, Sie werden Zeuge einer himmelschreienden Ungerechtigkeit, eines offensichtlichen, eindeutigen Mißstandes. Wäre hier nicht die einzig richtige Reaktion zu sagen, dass so etwas nicht geschehen dürfe? Sollte man sich hier einmischen und die falsche Situation in Ordnung bringen?

Jemand schlägt ein Kind, und Sie sehen, dass er damit nicht aufhört. Wie sieht es dann aus? Ich hoffe, Sie nehmen nicht an, dass ich sage, Sie sollten nichts unternehmen. Ich sage statt dessen, dass Sie ohne negative Gefühle viel mehr ausrichten können. Denn sobald negative Gefühle mit ins Spiel kommen, wird man blind. Das »Mich« tritt auf den Plan und verpatzt alles. Statt wie bisher ein Problem, haben wir nun zwei.

Viele meinen fälschlicherweise, dass keine negativen Gefühle wie Ärger, Ablehnung und Hass zu haben, heißen würde, nichts in einer bestimmten Situation zu unternehmen. Weit gefehlt! Sie sind vielleicht nicht gefühlsmäßig engagiert, doch Sie werden handeln. Sie werden gegenüber Dingen und Menschen um sich herum sehr empfindsam. Was das Empfinden tötet, ist das, was viele Leute das konditionierte Selbst nennen: wenn Sie sich so sehr mit dem »Mich« identifizieren, dass es zuviel davon gibt, um die Dinge noch objektiv beurteilen zu können, aus der Distanz. Wenn Sie handeln wollen, ist es sehr wichtig, dass Sie die Dinge mit Abstand betrachten. Negative Gefühle verhindern dies jedoch.

Wie also könnten wir diesen Eifer nennen, der dazu motiviert oder Energie freisetzt, etwas gegen einen objektiven Mißstand zu unternehmen? Was immer es auch sei – es ist keine *Reaktion*, sondern Aktion.

Manche werden sich fragen, ob es wohl so etwas wie eine Grauzone gibt, die vor dem Punkt liegt, an dem sich die Distanz verliert und die Identifikation einsetzt.

Nehmen wir einmal an, ein Freund stirbt. Es erscheint richtig und sehr menschlich, darüber Trauer zu empfinden. Aber welche Reaktion wäre das? Selbstmitleid? Um was würden Sie trauern? Denken Sie darüber einmal nach.

Was ich Ihnen sagen werde, mag in Ihren Ohren schrecklich klingen, aber ich habe Ihnen ja gesagt, dass ich da andere Maßstäbe habe. Ihre Reaktion ist *persönlicher* Verlust, oder? Es tut Ihnen leid um das »Mich« oder um andere Menschen, denen Ihr Freund vielleicht noch Freude bereitet hätte. Aber das heißt dann doch, dass es Ihnen der Menschen wegen leid tut, die sich nur selbst leid tun. Wenn Sie sich nicht selbst leid tun, was sollte Ihnen sonst leid tun? Wir trauern nie um etwas, wenn wir etwas verlieren, dem wir erlaubt haben, frei zu sein, das wir nie versucht haben, zu besitzen. Trauer ist ein Zeichen, dass ich mein Glück von Dingen oder Personen abhängig gemacht habe, zumindest bis zu einem gewissen Grad. Wir sind so sehr daran gewöhnt, dass Gegenteil von all dem zu hören, dass das, was ich sage, unmenschlich klingt. Ist es nicht so?

Über die Abhängigkeit

Aber genau das haben uns alle Mystiker schon immer gesagt. Ich sage nicht, dass das »Mich«, das konditionierte Selbst, nicht wieder in seine alten Verhaltensmuster zurückfallen könnte. Auf diese Weise wurden wir eben konditioniert. Aber es wirft die Frage auf, ob es denkbar ist, ein Leben zu leben, in dem man so absolut allein ist, dass man von niemandem abhängig ist.

Wir alle hängen voneinander in verschiedenster Hinsicht ab, oder nicht? Wir hängen vom Metzger ab, vom Bäcker, vom Glühbirnenhersteller. Gegenseitige Abhängigkeit. So ist das! Nach diesem Schema schaffen wir eine Gesellschaft und weisen verschiedenen Menschen verschiedene Funktionen zu – zum Wohle aller, damit wir besser funktionieren und effizienter leben –, das hoffen wir zumindest. Aber voneinander psychologisch abhängig zu sein – voneinander gefühlsmäßig abzuhängen – was bedeutet das eigentlich? Es bedeutet, von einem anderen Menschen in punkto Glück abzuhängen.

Denken Sie einmal darüber nach. Denn wenn Sie das tun, wird

das nächste, was Sie tun werden, sein – ob Sie sich dessen bewusst sind oder nicht – *zu verlangen*, dass andere Leute zu Ihrem Glück beitragen. Dann wird der nächste Schritt folgen: Angst – Angst vor Verlust, vor Entfremdung, vor Zurückweisung, gegenseitiger Kontrolle. Vollkommene Liebe vertreibt Angst. Wo Liebe ist, gibt es keine Ansprüche, keine Erwartungen, keine Abhängigkeit. Ich verlange nicht, dass du mich glücklich machst; mein Glück ist nicht in dir begründet. Wenn du mich verlassen würdest, würde ich mich nicht bedauern; ich genieße deine Gesellschaft über alle Maßen, aber ich klammere mich nicht an.

Ich genieße sie, ohne mich festzuklammern. Was ich eigentlich genieße, bist nicht du, es ist etwas, das größer ist als wir beide. Es ist etwas, das ich entdeckt habe, eine Art Sinfonie, eine Art Orchester, das in deiner Gegenwart eine Melodie spielt. Doch wenn du gehst, hört das Orchester nicht auf zu spielen. Begegne ich jemand anderem, spielt es eine andere Melodie, die auch wunderbar ist. Und bin ich alleine, spielt es weiter. Es hat ein großes Repertoire und hört nie auf zu spielen.

Darum also geht es eigentlich beim Wachwerden. Das ist auch der Grund, weshalb wir hypnotisiert und manipuliert sind und schlafen.

Es muss schrecklich sein, gefragt zu werden: »Ist das wirklich Liebe, wenn du dich an mich klammerst und mich nicht gehen lassen willst? Mich nicht sein lassen willst, was ich bin?« Kann man sagen, dass Sie einen Menschen lieben, wenn Sie ihn psychologisch oder gefühlsmäßig zu Ihrem Glück brauchen? Das steht in offenem Widerspruch zu den universalen Lehren aller Schriften, aller Religionen und Mystiker.

»Wie kommt es nur, dass uns das all die Jahre entgangen ist?«, frage ich mich selbst immer wieder. »Wie kommt es nur, dass ich das nicht bemerkt habe?« Stößt man auf diese radikalen Stellen in der Bibel, fragt man sich bald: Ist dieser Mann denn verrückt? Aber es dauert nicht lange, bis man findet, dass alle anderen verrückt sein müssen. »Wenn jemand zu mir kommt und nicht Vater und Mutter, Frau und Kinder, Brüder und Schwestern gering achtet, ... wenn er nicht auf seinen ganzen Besitz verzichtet, kann er nicht mein Jünger sein« (Lk 14,26.33).

Man muss alles loslassen. Es ist wohlgemerkt kein physischer Verzicht, das wäre ja einfach. Wenn Ihre Illusionen schwinden, kommen Sie schließlich zur Wirklichkeit; und Sie können mir glauben: Sie werden nie mehr einsam sein, nie mehr. Einsamkeit lässt sich nicht durch menschliche Gesell-schaft beseitigen. Einsamkeit wird durch Nähe zur Wirklichkeit auf-gehoben. Dazu ließe sich noch viel sa-gen. Nähe zur Wirklichkeit, Illusionen aufgeben, zum Wirklichen kommen. Was auch immer es sei, es hat kei-nen Namen. Wir können es nur dadurch erfahren, dass wir vom Unwirklichen lassen. Man kann nur wissen, was Alleinsein ist, wenn man sein An-klammern und seine Abhängigkeiten aufgibt.

Doch der erste Schritt dazu besteht darin, dass man das als erstrebenswert anerkennt. Wenn man etwas nicht als erstrebenswert erachtet, wie sollte man es dann erreichen können?

Denken Sie über Ihre eigene Einsamkeit nach. Könnte Sie menschliche Gesellschaft von ihr befreien? Sie würde Ihnen nur Zerstreuung bringen. Innerlich bleiben Sie leer, oder nicht? Und wenn die Leere aufbricht, was tun Sie dann? Sie laufen weg, schalten den Fernseher ein, das Radio, Sie lesen ein Buch, suchen menschliche Gesellschaft, Unterhaltung, Zerstreuung. Alle tun das. Davon lebt heutzutage ein ganzer Markt, eine organisierte Industrie, die uns zerstreut und unterhält.

Wie Glücklichsein glücken kann

Kehren Sie heim zu sich selbst, beobachten Sie sich. Deshalb habe ich bereits gesagt, dass Selbst-Beobachtung etwas Großartiges und Außergewöhnliches ist. Bald brauchen Sie sich gar nicht mehr anzustrengen, denn wenn die Illusionen langsam verblassen, beginnen Sie, Dinge zu erfahren, die sich nicht beschreiben lassen. Man nennt das Glücklichsein. Alles verändert sich, und Sie werden geradezu süchtig nach Bewusstheit.

Ich kenne eine Geschichte von einem Schüler, der zu seinem Meister ging und ihn fragte: »Kannst du mir ein Wort der Weisheit geben? Kannst du mir etwas sagen, das mich durch meine Tage begleitet?«

Es war aber der Tag, an dem der Meister Schweigen hielt, und so hob er nur eine Karte, auf der stand: »Bewusstheit«. Als der Schüler das sah, verlangte er: »Das ist viel zu wenig. Kannst du nicht ein bißchen mehr dazu sagen?« Da nahm der Meister die Karte zurück und schrieb darauf: »Bewusstheit, Bewusstheit, Bewusstheit.« Der Schüler entgegnete: »Was soll das denn bedeuten?« Der Meister nahm die Karte wieder zurück und schrieb darauf: »Bewusstheit, Bewusstheit, Bewusstheit heißt – Bewusstheit.«

Genau das ist Sich-selbst-Beobachten. Niemand kann Ihnen dazu eine Anleitung geben; was Sie mit ihr bekämen, wäre eine Technik, die Sie wiederum programmieren würde.

Aber beobachten Sie sich einmal: Wenn Sie mit jemandem sprechen, sind Sie sich dessen bewusst oder identifizieren Sie sich einfach damit? Wenn Sie sich über jemanden geärgert haben, waren Sie sich bewusst, dass Sie sich ärgern, oder haben Sie sich einfach mit Ihrem Ärger identifiziert? Haben Sie dann später, als Sie Zeit dazu hatten, Ihre Erfahrung einmal hinterfragt und versucht, sie zu verstehen? Woher kam der Ärger, was hat ihn verursacht?

Ich kenne keinen anderen Weg zur Bewusstheit: Nur was man versteht, lässt sich ändern. Was man nicht versteht, und wessen man sich nicht bewusst wird, verdrängt man. Sie ändern sich nicht. Doch sobald Sie etwas verstehen, ändert es sich.

Immer wieder werde ich gefragt: »Ist diese wachsende Bewusstheit ein langsamer Prozeß, oder ist sie mit einem Schlag da?«

Es gibt tatsächlich einige wenige glückliche Menschen, die dies gleichsam blitzartig erkennen. Sie kommen einfach zur Bewusstheit. Andere wachsen nach und nach hinein, langsam, stufenweise, immer mehr. Sie fangen an, etwas zu erkennen. Illusionen verblassen, Wunschbilder werden beiseite gelegt, und sie beginnen, sich den Tatsachen zu stellen. Dafür gibt es keine allgemeine Regel.

Es gibt eine Geschichte von einem Löwen, der auf eine Schafherde stieß und zu seinem großen Erstaunen einen Löwen unter den Schafen fand; einen Löwen, der schon als Junges zu den Schafen gekommen und unter ihnen aufgewachsen war. Er blökte wie ein Schaf und lief herum wie ein Schaf. Der Löwe ging schnurstracks auf ihn zu, und als der Schafslöwe den richtigen Löwen vor sich sah, zitterte er am ganzen Leib. Da fragte ihn der Löwe: »Was treibst du denn hier – unter lauter Schafen?« Der Schafslöwe antwortete: »Ich bin ein Schaf.« Der Löwe erwiderte: »Nein, nein, du bist kein Schaf. Du kommst sofort mit mir.«

Darauf führte er den Schafslöwen an einen Teich und sagte: »Schau hinein!« Und als der Schafslöwe ins Wasser schaute und sein Spiegelbild sah, brüllte er gewaltig auf. Von diesem Augenblick an war der Schafslöwe ein anderer.

Wenn Sie Glück haben und die Götter gnädig sind, oder wenn Ihnen göttliche Gnade geschenkt ist (nehmen Sie irgendeinen theologischen Ausdruck, der Ihnen gefällt), werden Sie sofort verstehen können, wer das »Ich« ist, und auch Sie werden nie mehr der- oder dieselbe sein. Nichts wird Ihnen mehr etwas anhaben können, und niemand wird Sie mehr verletzen können.

Sie werden nichts und niemanden fürchten. Ist das nicht wunderbar? Sie werden wie ein König oder eine Königin leben. Das heißt königlich zu leben und nicht so ein Unsinn, wie Ihr Foto in der Zeitung zu sehen oder eine Menge Geld zu haben. Das ist es wirklich nicht. Sie fürchten niemand, weil Sie vollkommen damit zufrieden sind, niemand zu sein. Erfolg oder Versagen berühren Sie nicht, sie bedeuten Ihnen nichts. Ansehen oder Schande bedeuten alles nichts! Wenn Sie sich lächerlich machen, bedeutet das ebensowenig. Ist das nicht ein wunderbarer Zustand!

Manche erreichen dieses Ziel mit Mühe und Geduld – Schritt für Schritt, über Wochen und Monate des Bewusstwerdens ihrer selbst. Aber etwas kann ich Ihnen versprechen: ich habe noch niemanden gesehen, der sich dafür Zeit genommen hat, und der nach ein paar Wochen keinen Unterschied bemerkt hätte. Die Lebensqualität ändert sich, und man ist nicht mehr auf Meinungen angewiesen. Man ist anders, man reagiert anders. Genauer gesagt: man reagiert weniger und agiert mehr; man sieht tatsächlich Dinge, die man vorher nicht erkannt hat.

Man hat viel mehr Energie, viel mehr Leben. Viele meinen, wenn sie keine Sehnsüchte hätten, wären sie wie ein Stück Holz. In Wirklichkeit aber würden sie ihre Verspanntheit verlieren. Befreien Sie sich von Ihrer Angst zu versagen, von Ihrer Anspannung, Erfolg haben zu müssen, und Sie werden bald Sie selbst sein. Entspannt. Sie werden dann nicht mehr mit angezogener Handbremse fahren. Genau das wird geschehen.

Es gibt einen schönen Satz von Tranxu, einem großen chinesischen Weisen, den ich mir gut gemerkt habe. Er lautet: »Wenn der Bogenschütze schießt, ohne einen besonderen Preis gewinnen zu wollen, kann er seine ganze Kunst entfalten; schießt er, um eine Bronzemedaille zu erringen, fängt er an, unruhig zu werden; schießt er um den ersten Preis, wird er blind, sieht zwei Ziele und verliert die Beherrschung. Sein Können ist dasselbe, aber der Preis spaltet ihn. Er ist ihm wichtig! Er denkt mehr ans Gewinnen als ans Schießen, und der Zwang zu gewinnen schwächt ihn.«

Gilt dieses Bild nicht für die meisten Menschen?

Wenn man nicht für Erfolg lebt, verfügt man über all sein Können, besitzt man all seine Kräfte, ist man entspannt, sorgt man sich nicht, – es macht einem nichts aus, ob man verliert oder gewinnt.

Das also muss menschlich leben für Sie heißen. Darum geht es schließlich im Leben. Und das lässt sich nur durch Bewusstheit erreichen. Bei diesem Bewusstmachen werden Sie feststellen, dass Ansehen gar nichts bedeutet; es ist eine gesellschaftliche Konvention, das ist alles. Deswegen haben die großen Mystiker und Propheten auch keinen Gedanken daran verschwendet. Ansehen oder Verachtung war ihnen einerlei. Sie lebten in einer anderen Welt, in der Welt der Erwachten. Erfolg oder Mißerfolg galt ihnen nichts. Sie lebten mit der Einstellung: »Ich bin ein Narr, du bist ein Narr, wo liegt also das Problem?«

Jemand sagte einmal: »Die drei schwierigsten Dinge für einen Menschen sind nicht körperliche Glanzleistungen oder intellektuelle Meisterstücke, sondern erstens: Haß mit Liebe zu vergelten; zweitens: das Ausgeschlossene mit einzuschließen; drittens: zuzugeben, dass man unrecht hatte.«

Das alles sind jedoch die einfachsten Dinge der Welt, sofern Sie sich nicht mit dem »Mich« identifizieren. So könnten Sie sagen: »Ich habe unrecht. Würdest du mich besser kennen, wäre dir klar, wie oft ich unrecht habe. Was ist von einem Narren schon zu erwarten?« Wenn ich mich aber mit diesen Aspekten des »Mich« nicht identifiziert habe, kannst du mich nicht verletzen.

Zuerst wird die alte Programmierung wieder einsetzen und Sie deprimiert und ängstlich machen. Sie werden traurig sein, weinen und so weiter. »Vor der Erleuchtung war ich immer niedergeschla-

gen: nach der Erleuchtung – bin ich immer noch niedergeschlagen.«
Dennoch besteht ein großer Unterschied: ich identifiziere mich nicht
mehr damit. Können Sie ahnen, wie groß dieser Unterschied ist?

Sie nehmen Abstand und betrachten Ihre Niedergeschlagenheit,
identifizieren sich nicht mit ihr. Sie unternehmen nichts, um sie zu
vertreiben; Sie sind durchaus bereit weiterzuleben, während sie
vorübergeht und verschwindet. Wenn Sie nicht wissen, was das
heißt, haben Sie wirklich etwas, worauf Sie sich freuen können. Und
die Angst? Sie kommt, und es beunruhigt Sie nicht. Ist es nicht seltsam? Sie haben Angst, aber keine Probleme.

Ist das nicht paradox? Sie sind bereit, diese dunkle Wolke heran-
kommen zu lassen, denn je mehr Sie gegen sie ankämpfen, desto
mehr Kraft flößen Sie ihr ein. Sie sind bereit, sie zu beobachten, wie
sie vorüberzieht. Sie können in Ihrer Angst glücklich sein. Ist das
nicht merkwürdig? Sie können in Ihrer Niedergeschlagenheit glücklich sein. Aber Sie dürfen keine falsche Vorstellung vom Glück
haben. Meinten Sie, Glück sei Spannung oder Nervenkitzel? Hierin
liegen die Ursachen für Ihre Niedergeschlagenheit. Hat Ihnen das
noch niemand gesagt? Schön und gut, Sie mögen Ihren Nervenkitzel haben, sind dabei aber schon auf dem Weg zur nächsten Phase
der Niedergeschlagenheit. Sie haben Ihren Nervenkitzel, begreifen
aber die Angst, die dahintersteckt: Wie kann ich das zum Dauerzu-
stand machen? Das ist kein Glück, das ist Sucht.

Ich frage mich, wieviele Nicht-Süchtige wohl dieses Buch lesen
werden? Wenn meine Leser zum Durchschnitt der Menschheit
gehören, werden es nur sehr, sehr wenige sein. Schauen Sie nicht
auf Alkoholiker oder Drogensüchtige herab: vielleicht sind Sie ebenso süchtig wie sie. Als ich zum ersten Mal einen flüchtigen Eindruck

von dieser neuen Welt gewann, war es schrecklich. Ich verstand, was es heißt, allein zu sein, ohne einen Platz, an dem man sich ausruhen kann, jeden frei seinen Weg gehen zu lassen und selbst frei zu sein, für niemanden etwas Besonderes zu bedeuten und jeden zu lieben – denn Liebe tut das. Sie scheint auf Gute und Böse; sie lässt Regen auf Heilige wie auf Sünder fallen.

Kann die Rose sagen: »Ich will meinen Duft nur den guten Menschen, die an mir riechen, geben; den bösen will ich ihn vorenthalten?« Oder kann die Lampe sagen: »Ich will mein Licht den guten Menschen in diesem Raum scheinen lassen, den bösen aber nicht?« Oder kann ein Baum sagen: »Ich will meinen Schatten nur den guten Menschen, die unter meinen Zweigen ruhen, spenden, den bösen aber verwehren?« Diese Bilder können deutlich machen, worum es bei der Liebe geht.

Es war schon die ganze Zeit da, blickte uns in der Bibel an, obwohl wir uns nie die Mühe machten, es zu sehen, denn wir waren so sehr in das versunken, was unsere Kultur mit ihren Liebesliedern und Gedichten Liebe nennt – doch das ist gerade keine, sondern das Gegenteil von Liebe. Das ist Begehren, Kontrolle und Besitzenwollen, Manipulation, Furcht und Angst – das alles ist keine Liebe. Uns wurde gesagt, dass Glücklichsein gutes Aussehen ist, ein Ferienhaus zu besitzen und vieles mehr. Auch das ist kein Glücklichsein. Aber wir haben feinsinnige Wege entwickelt, unser Glück aus anderen Dingen herzuleiten, seien sie in uns oder um uns. Wir sagen: »Ich weigere mich, glücklich zu sein, bis meine Neurose weg ist.«

Ich habe gute Nachrichten für Sie: Sie können jetzt glücklich sein, mit der Neurose. Möchten Sie eine noch bessere Nachricht? Es gibt nur einen Grund, weshalb Sie nicht das erfahren, was wir in

Indien *anand* nennen – Glückseligkeit; nur einen Grund, weshalb Sie in genau diesem Augenblick keine Glückseligkeit erfahren, weil Sie nämlich an etwas denken oder etwas zum Mittelpunkt erheben, was Sie nicht haben. Sonst würden Sie Glückseligkeit erfahren. Sie konzentrieren sich auf etwas, was Sie nicht haben. Aber genau jetzt haben Sie alles, was Sie brauchen, um glückselig zu sein.

Jesus sprach mit gesundem Menschenverstand zu einfachen Leuten, zu Hungernden und Armen. Er verkündete ihnen die gute Nachricht: Jetzt seid ihr an der Reihe. Doch wer hört schon zu? Es interessiert ja niemand, sie schlafen weiter.

Angst – Ursprung von Gewalt

Manche sagen, es gebe nur zwei Dinge auf der Welt: Gott und Angst; Liebe und Angst sind die beiden einzigen Dinge. Es gibt nur eines auf der Welt, was von Übel ist, nämlich Angst. Es gibt nur eines auf der Welt, was gut ist, nämlich Liebe. Sie hat manchmal auch andere Namen. Manchmal nennt man sie Glück, Freiheit, Frieden, Freude, Gott oder wie auch immer. Aber das Etikett ist nicht so wichtig. Jedenfalls gibt es kein einziges Übel auf der Welt, das sich nicht auf Angst zurückführen ließe; kein einziges.

Ignoranz und Angst, Ignoranz durch Angst: daher rührt alles Übel, daher rührt auch Ihre Gewalttätigkeit. Wer wirklich gewaltlos ist – unfähig zu Gewalt – ist ein furchtloser Mensch. Nur wer sich fürchtet, ärgert sich. Erinnern Sie sich daran, wie Sie sich das letzte

Mal geärgert haben, und suchen Sie nach der Angst, die dahintersteckte. Fürchteten Sie, etwas zu verlieren? Fürchteten Sie, man könnte Ihnen etwas wegnehmen? Daher rührt nämlich der Ärger. Denken Sie einmal an jemanden, der verärgert ist, vielleicht an jemanden, den Sie fürchten. Merken Sie, wieviel Angst er oder sie hat? Er hat wirklich und tatsächlich Angst. Sie hat wirklich Angst, sonst wäre sie nicht so verärgert. Letztlich gibt es nur zwei Dinge: *Liebe und Angst.*

In diesem Besinnungskurs will ich es lieber so stehen lassen, unstrukturiert wie es ist, und vom einen zum anderen springen, um immer wieder auf Themen zurückzukommen, denn nur so können Sie wirklich erfassen, was ich meine. Wenn Sie es nicht beim ersten Mal begreifen, dann vielleicht beim zweiten Mal, und was dem einen nicht klar ist, wird vielleicht jemand anderem deutlich sein. Ich spreche zwar über verschiedene Themen, aber sie meinen eigentlich dasselbe. Nennen Sie es Bewusstheit, Liebe, Spiritualität, Freiheit, Erwachen oder wie auch immer. Es ist wirklich dasselbe.

Bewusstheit und Kontakt mit der Wirklichkeit

Alles in sich und um sich herum beobachten; und wenn Ihnen etwas geschieht, es so sehen, als geschehe es jemand anderem, ohne zu kommentieren, ohne zu urteilen, ohne selbst Stellung zu beziehen, ohne Einfluß zu nehmen, ohne zu versuchen, etwas ändern zu wollen: einfach nur verstehen. Wenn

Sie das tun, werden Sie langsam merken, wie Sie sich immer weniger mit dem »Mich«, dem »Schein-Ich«, identifizieren.

Die heilige Teresa von Ávila sagte, dass Gott ihr am Ende ihres Lebens eine außergewöhnliche Gnade erwiesen habe. Sie verwendet diesen modernen Ausdruck natürlich nicht, doch worauf es letztendlich hinausläuft, ist die Distanz zum »Mich«.

Wenn jemand, den ich nicht kenne, Krebs hat, betrifft mich das nicht weiter. Wäre ich liebevoll und mitfühlend, würde ich vielleicht helfen, aber meine Gefühle berührt das nicht. Wenn Sie eine Prüfungsarbeit schreiben müssen, betrifft mich das überhaupt nicht. Ich kann in diesem Fall ganz gelassen sagen: »Je mehr Sie sich Gedanken darüber machen, desto schlimmer wird es. Warum machen Sie nicht lieber eine Pause, statt zu lernen?« Muss ich aber selbst eine Prüfungsarbeit schreiben, ist das etwas ganz anderes, nicht wahr? Nämlich deswegen, weil ich mich mit dem »Mich« identifiziert habe – mit meiner Familie, meinem Land, meinem Besitz, meinem Körper, mit allem Meinigen. Wie wäre es, wenn Gott mir die Gnade hätte zuteil werden lassen, das alles nicht mein zu nennen? Ich wäre gelöst, hätte zu all dem Distanz. Das heißt, das Selbst aufzugeben, es zu verleugnen, »mir selbst zu sterben«.

Gute Religion – die Antithese
zur Nicht-Bewusstheit

Während eines Einkehrkurses kam jemand zu mir und fragte mich: »Was halten Sie von ›Unserer Lieben Frau von Fatima‹?« Wenn ich so etwas gefragt werde, fällt mir immer die Geschichte von der Statue »Unserer Lieben Frau von Fatima« ein, die auf einer Pilgerfahrt mit dem Flugzeug mitgenommen wurde. Als man über Südfrankreich war, begann das Flugzeug heftig zu schaukeln und zu schlingern; es schien auseinanderbrechen zu wollen. Da rief die wundersame Statue aus: »Unsere Liebe Frau von Lourdes, bitte für uns!« Und schon war alles gut. – War das nicht wunderbar, eine »Liebe Frau« half der anderen »Lieben Frau«?

Ein anderes Mal machte eine Gruppe von tausend Leuten eine Wallfahrt nach Mexico-City zum Heiligtum »Unserer Lieben Frau von Guadelupe«. Sie setzten sich aus Protest vor die Statue, weil der Diözesanbischof »Unsere Liebe Frau von Lourdes« zur Patronin der Diözese erklärt hatte! Sie waren überzeugt, dass »Unsere Liebe Frau von Guadelupe« sich sehr getroffen fühlte, so dass sie sich zu dieser Wiedergutmachung für diese Beleidigung entschlossen. Da liegt das Problem bei der Religion, wenn man nicht aufpasst.

Wenn ich zu Hindus spreche, sage ich ihnen: »Ihre Priester werden nicht erfreut sein, das zu hören, aber Gott wäre, wie Jesus verkündete, viel glücklicher, wenn Sie sich ändern würden, statt zu beten und zu feiern. Ihm würde Ihre Liebe viel mehr gefallen als Ihr Beten.« Und wenn ich zu Moslems spreche, sage ich: »Ihr Ayatollah und Ihre Mullahs werden nicht gerade erfreut sein, das zu hören, aber Gott würde sich viel mehr darüber freuen, wenn Sie sich zu Menschen wandeln würden, die Liebe üben, als wenn Sie sagen: ›Herr, Herr.‹« Es ist unendlich viel wichtiger, dass Sie wach werden. Das ist Spiritualität, das ist alles. Wenn Sie das haben, haben Sie Gott. Dann feiern Sie Gottesdienst »im Geist und in der Wahrheit«. Wenn Sie Liebe werden, wenn Sie in Liebe umgewandelt werden.

Was Religion alles anzurichten vermag, zeigt eine nette Geschichte, die der Erzbischof von Mailand, Kardinal Martini, erzählte. Die Geschichte handelt von einem italienischen Paar, das Hochzeit feierte. Braut und Bräutigam hatten vom Gemeindepfarrer die Erlaubnis bekommen, auf dem Kirchplatz einen kleinen Empfang zu veranstalten. Aber es regnete, und so fiel das Fest buchstäblich ins Wasser. Deshalb fragten sie den Pfarrer: »Wären Sie damit einverstanden, wenn wir den Empfang in die Kirche verlegen?«

Der Pfarrer war keineswegs davon angetan, einen Empfang in seiner Kirche stattfinden zu lassen. Aber das Brautpaar beteuerte: »Wir essen nur ein bißchen Kuchen, singen ein Liedchen, trinken ein Schlückchen Wein und gehen dann wieder nach Hause.« So konnte der Pfarrer schließlich zur Zusage bewegt werden. Doch als lebensfrohe Italiener tranken die Hochzeitsgäste einen Schluck Wein, sangen ein Liedchen, tranken dann ein bißchen mehr Wein, sangen noch ein Liedchen, und nach einer halben Stunde war das schönste Fest im Gange. Alle hatten ihren Spass und amüsierten sich prächtig. Der Pfarrer aber wurde nervös. Aufgebracht ging er in der Sakristei auf und ab. Da kam der Vikar herein und sagte: »Sie sind ja ganz aufgeregt!«

»Natürlich bin ich aufgeregt. Hören Sie doch den Krach, den die machen, und das in einem Gotteshaus, um Himmels Willen!«

»Aber Herr Pfarrer, die Leute konnten doch nirgendwo anders hin.«

»Das weiß ich auch! Aber muss man dabei so einen Lärm machen?«

»Vergessen wir doch nicht, Herr Pfarrer, dass Jesus selbst einmal auf einer Hochzeit war!«

»Ich weiß, dass Jesus selbst einmal auf einer Hochzeitsfeier war, das müssen Sie mir nicht erzählen, dass Jesus einmal selbst auf einer Hochzeitsfeier war! Dort war aber nicht das Allerheiligste!!!«

Sie kennen selbst solche Gelegenheiten, bei denen das Allerheiligste wichtiger als Jesus Christus wird: Wenn der Gottesdienst wichtiger wird als die Liebe, die Kirche wichtiger als das Leben. Wenn Gott wichtiger wird als der Nachbar, und so weiter. Das ist die Gefahr. Für mich ist es das, wozu Jesus uns eigentlich aufgefordert hat – die wichtigen Dinge zuerst! Die Menschen sind viel wichtiger als der Sabbath. Das zu lernen, was ich Ihnen deutlich zu machen versuche, ist viel wichtiger als ›Herr, Herr‹ zu sagen. Und wir lernen zu unterscheiden, was wichtig ist, durch das Wachwerden, das so viel ist wie Spiritualität. Und wenn Sie wach werden wollen, ist eben dies überaus wichtig, was ich »Selbst-Beobachtung« genannt habe. Achten Sie darauf, was Sie sagen, was Sie tun, achten Sie darauf, was Sie denken, und wie Sie handeln. Werden Sie sich bewusst, woher Sie kommen, was Ihre Motive sind. Ein unbedachtes Leben ist nicht lebenswert.

Ein unbedachtes Leben ist ein automatisches Leben. Es ist nicht menschlich, sondern programmiert, von außen beeinflußt. Ebensogut könnten wir ein Stein sein, ein Holzklotz. In dem Land, aus dem ich komme, gibt es hunderttausende von Menschen, die in kleinen

Hütten und in größter Armut leben, die es gerade schaffen zu überleben, die den ganzen Tag arbeiten müssen, körperlich hart arbeiten, sich dann schlafen legen, morgens aufstehen, etwas essen und dann wieder von vorn anfangen. Während Sie sich zurücklehnen und denken: »Was ist das für ein Leben. Ist das alles, was das Leben denen zu bieten hat?« Und dann merken Sie plötzlich, dass 99,9 Prozent der Menschen hier bei uns nicht viel besser dran sind. Sie können ins Kino gehen, im Auto herumfahren oder eine Kreuzfahrt machen. Meinen Sie wirklich, dass Sie so viel besser dran sind? Sie sind genauso abgestorben, genauso eine Maschine – vielleicht eine etwas größere, aber dennoch eine Maschine. Das ist traurig. Es ist traurig, sich vorzustellen, dass Menschen so durchs Leben gehen.

Menschen gehen mit festen Vorstellungen durchs Leben; sie verändern sich nicht. Sie nehmen einfach nicht wahr, was vor sich geht. Sie könnten ebensogut ein Holzklotz, ein Stein, eine sprechende, laufende, denkende Maschine sein. Das ist doch nicht menschlich. Sie sind Marionetten, werden ständig hin- und hergezerrt, man drückt auf einen Knopf, und schon ist die Reaktion da. Es ist fast vorhersehbar, wie jemand reagiert.

Wenn ich mir einen Menschen anschaue, kann ich Ihnen sagen, wie er oder sie reagieren wird. Bei meiner Arbeit mit Therapiegruppen schreibe ich mir manchmal im voraus auf, dass der-und-der die Sitzung beginnen und die-und-die antworten wird. Sie meinen, das sei böse? Hören Sie nicht auf die Leute, die Ihnen sagen: »Vergiß dich selbst! Gehe in Liebe auf die anderen zu.« Hören Sie nicht darauf! Wer so spricht, hat unrecht. Das Schlimmste, was Sie tun können, ist, sich selbst zu vergessen, wenn Sie auf andere in sogenannter Hilfsbereitschaft zugehen.

Diese Erfahrung konnte ich in aller Deutlichkeit machen, als ich vor vielen Jahren in Chicago Psychologie studierte. Wir absolvierten einen Kurs für pastorale Beratung, an dem nur Priester teilnehmen konnten, die auf diesem Gebiet schon Erfahrung hatten und dazu bereit waren, ein Beratungsgespräch auf Tonband mitzubringen. Der Kurs bestand aus etwa zwanzig Teilnehmern. Als ich an der Reihe war, gab ich mein Tonband ab, auf dem ein Gespräch aufgezeichnet war, das ich mit einer jungen Frau geführt hatte. Der Kursleiter steckte das Band in den Rekorder, und alle hörten zu. Nach fünf Minuten hielt der Leiter das Band an und fragte wie gewohnt: »Möchte jemand etwas dazu sagen?« Worauf ein Kursteilnehmer mich fragte: »Wieso hast du ihr diese Frage gestellt?« Ich antwortete: »Ich bin mir nicht bewusst, dass ich ihr eine Frage gestellt hätte. Im Gegenteil, ich bin mir ziemlich sicher, dass ich ihr überhaupt keine Frage gestellt habe.« Er sagte: »Doch, das hast du.«

Ich war mir deshalb so sicher, weil ich zu dieser Zeit bewusst die Methode von Carl Rogers befolgte, die personenorientiert und nondirektiv ist. Man stellt keine Fragen, unterbricht nicht und gibt keine Ratschläge. Deshalb war ich mir sehr wohl bewusst, dass ich keine Fragen stellen durfte. Jedenfalls ergab sich daraus ein Disput, worauf der Leiter vorschlug: »Warum spielen wir das Band nicht noch einmal ab?« So verfolgten wir noch einmal das Gespräch, und siehe da: zu meinem größten Entsetzen musste ich mir diese riesengroße Frage anhören, die mir in den Ohren widerklang. Das Interessante daran war für mich, dass ich die Frage dreimal gehört hatte – zum ersten Mal, als ich sie stellte, zum zweiten Mal, als ich das Band allein anhörte (weil ich ein gutes Band in den Kurs mitbringen wollte), und zum dritten Mal, als ich sie im Kurs hörte. Ich hatte sie einfach nicht wahrgenommen! Ich war mir ihrer nicht bewusst.

Ähnliches passiert oft in meinen Therapiegruppen oder in meinen Kursen für Spiritualität. Wir nehmen das Gespräch auf, und wenn der Gesprächspartner es abhört, kommt immer wieder die Bemerkung: »Wissen Sie, eigentlich habe ich gar nicht richtig gehört, was Sie während des Gesprächs gesagt haben. Ich habe es erst dann gehört, als das Band ablief.« Noch interessanter ist, dass *ich selbst* nicht gehört habe, was ich in dem Gespräch gesagt habe. Es ist schockierend zu entdecken, dass ich in einer Therapiesitzung Dinge sage, die mir nicht bewusst sind, und deren Bedeutung mir erst viel später aufgeht. Nennen Sie das *menschlich*? Und Sie sagen: »Vergessen Sie sich selbst, und gehen Sie auf andere zu!«

Nachdem wir also bei diesem Kurs in Chicago das ganze Band abgehört hatten, fragte der Leiter: »Möchte jemand etwas dazu sagen?« Ein fünfzigjähriger Priester, mit dem ich mich gut verstand, fragte: »Toni, ich möchte dir gern eine persönliche Frage stellen. Bist du einverstanden?«»Ja«, sagte ich, »schieß los! Wenn ich sie nicht beantworten will, dann hörst du eben nichts von mir.« Er fragte mich: »Ist deine Gesprächspartnerin hübsch?«

Sie müssen verstehen, ich war ganz ehrlich gesagt auf einer Stufe meiner Entwicklung (oder Unentwicklung), auf der ich nicht bemerkte, ob jemand gut aussah oder nicht. Es war mir egal. Diese Frau war ein Schaf in der Herde Christi; ich war der Hirte. Ich spendete Hilfe. Ist das nicht großartig! So wurden wir ausgebildet. Also fragte ich zurück: »Was soll das denn heißen?« Er antwortete: »Weil du sie nicht magst, oder?« Ich rief aus: »Was?!«

Nie war ich auf die Idee gekommen, dass ich einzelne Menschen mochte oder nicht mochte. Wie die meisten empfand auch ich manchmal nicht gerade Sympathie, was mir auch in der Regel bewusst war, aber meine Haltung war meistens neutral. Ich fragte: »Wie kommst du darauf?«»Das Band«, erwiderte er. Wir ließen es noch einmal ablaufen, dabei bat er mich: »Hör auf deine Stimme. Achte einmal darauf, wie süßlich sie geworden ist. Du bist irritiert, oder?« Ich war es tatsächlich, doch wurde es mir erst hier bewusst.

Und was sagte ich dieser Frau non-direktiv? Ich sagte: »Sie brauchen nicht wiederzukommen.« Doch es war mir nicht bewusst. Mein Freund, der Priester, bemerkte: »Sie ist eine Frau, und sie wird es begriffen haben. Wann wirst du sie wieder treffen?« Ich erwiderte: »Am nächsten Mittwoch.« Er sagte: »Ich möchte wetten, dass sie nicht kommt.« Sie kam auch nicht. Ich wartete eine Woche, aber sie kam nicht; ich wartete eine weitere Woche, aber sie kam nicht. Dann rief ich sie an und brach dabei eine meiner Regeln: Spiele nie den Retter.

Ich rief die Frau also wieder an und sagte ihr: »Erinnern Sie sich an das Band, das Sie mir erlaubt haben, für den Kurs aufzunehmen? Es war eine große Hilfe, denn die Gruppe konnte mich auf verschiedene Dinge hinweisen« (ich sagte ihr nicht worauf!), »die dem Gespräch irgendwie zu Gute kommen würden. Wenn Sie also wiederkommen möchten, könnte das Gespräch noch effizienter werden.«

Sie erwiderte: »Gut, ich werde kommen.«

Und sie kam. Die Antipathie bestand noch; sie war nicht verschwunden, aber störte nicht mehr.

Was einem bewusst ist, das hat man auch unter Kontrolle; was einem nicht bewusst ist, das hat einen selbst unter Kontrolle. Man ist immer der Sklave dessen, wessen man sich nicht bewusst ist. Ist man sich dessen bewusst, ist man davon befreit. Es ist noch vorhanden, doch es betrifft einen nicht, kontrolliert einen nicht, versklavt einen nicht. Das ist der Unterschied.

Bewusstheit, Bewusstheit und noch einmal Bewusstheit. Was uns in jenem Kurs beigebracht wurde, war, teilnehmende Beobachter zu sein. Um es etwas anschaulicher zu sagen: ich spreche zum Beispiel mit Ihnen, und gleichzeitig stehe ich daneben und beobachte Sie und mich dabei. Wenn ich Ihnen zuhöre, ist es unendlich viel wichtiger für mich, mir zuzuhören als Ihnen. Selbstverständlich ist es wichtig, Ihnen zuzuhören, aber dennoch ist es wichtiger, dass ich mir zuhöre. Andernfalls könnte ich Sie gar nicht hören. Oder ich würde alles, was Sie sagen, verdrehen. Ich würde in meiner ganzen Voreingenommenheit auf Sie zugehen, würde auf Sie in verschiedenster Weise mit meinen Unsicherheiten reagieren, mit meinem Bedürfnis, Sie zu manipulieren, mit meinem Wunsch, Erfolg zu haben, mit Irritationen und Gefühlen, derer ich mir vielleicht nicht bewusst bin. Deshalb ist es so wichtig, mir selbst zuzuhören, wenn ich Ihnen zuhöre. Das ist es, was man uns beibringen wollte: Bewusstsein zu erlangen.

Sie müssen sich nicht immer vorstellen, dass Sie irgendwo im luftleeren Raum schweben. Nur, um Ihnen eine ungefähre Idee davon zu geben, worüber ich spreche, stellen Sie sich einmal einen guten Autofahrer vor, der am Steuer sitzt und Ihnen konzentriert zuhört. Er kann sogar mit Ihnen streiten, aber dennoch mit aller Aufmerksamkeit auf die Verkehrszeichen achten. Sobald etwas Unvorhergesehenes passiert – ein Geräusch, ein Krach oder Knall –, wird er es hören und sagen: »Bist du sicher, dass du hinten die Tür zugemacht hast?« Wie macht er das? Er fuhr bewusst, wachsam. Seine Aufmerksamkeit war auf die Unterhaltung oder den Streit zugespitzt, doch seine Bewusstheit war weit offen. Er nahm dabei alles mögliche mit auf.

Wofür ich hier plädiere, ist nicht Konzentration; die ist nicht wichtig. Viele meditative Techniken wollen die Konzentration schärfen, doch ich bin ihnen gegenüber misstrauisch. Sie haben etwas Gewaltsames und bedeuten oft noch mehr Programmierung und Beeinflussung. Wofür ich hier spreche, ist Bewusstheit, die durchaus nicht mit Konzentration gleichzusetzen ist. Konzentration ist ein Scheinwerfer, ein Spotstrahler. Sie sind allem gegenüber offen, was in Ihren Wahrnehmungsbereich gelangt. Sie können davon abgelenkt werden, doch wenn Sie sich auf Bewusstheit einlassen, werden Sie nie abgelenkt. Wenn die Bewusstheit eingeschaltet ist, gibt es keine Ablenkung, da Sie auf alles achten, was immer eintreten mag.

Angenommen, ich betrachte diese Bäume, und zugleich mache ich mir Sorgen. Bin ich dann abgelenkt? Ich bin doch nur abgelenkt, wenn ich mich auf die Bäume konzentrieren wollte. Aber wenn mir bewusst ist, dass ich mir zugleich Sorgen mache, ist dies keineswegs Ablenkung, im Gegenteil. Sie müssen sich nur dessen bewusst sein, worauf Ihre Aufmerksamkeit gerichtet ist. Wenn irgend etwas schiefgeht oder etwas Unvorhergesehenes passiert, werden Sie sofort alarmiert sein: Etwas läuft schief! In dem Moment, in dem Sie irgendein negatives Gefühl wahrnehmen, werden Sie alarmiert sein. Sie sind wie der Autofahrer am Steuer.

Ich erwähnte bereits, dass die heilige Teresa von Ávila sagte, Gott habe ihr die Gnade der Distanzierung von sich selbst erwiesen. Von Kindern kann man das gleiche hören, wenn zum Beispiel ein Zweijähriger sagt: »Tommi hat heute morgen gefrühstückt.« Er sagt nicht »ich«, obwohl er Tommi ist. Er sagt: »Tommi« – in der dritten Person. Mystiker denken ebenso. Sie haben sich von sich selbst distanziert und leben in Frieden.

Darin bestand die Gnade, von der die heilige Teresa sprach. Es ist das »Ich«, das zu entdecken uns die großen Mystiker des Ostens dauernd drängen; doch nicht weniger die im Westen! Auch Meister Eckhart können Sie dazuzählen. Sie drängen den Menschen, sein »Ich« zu entdecken.

Schubladen – Etiketten – Aufkleber

Es kommt nicht darauf an zu wissen, wer oder was das »Ich« ist; Sie werden es sowieso nicht herausfinden. Es gibt keine Worte dafür. Worauf es wirklich ankommt, ist, sich von den Schubladen, in die man es steckt, zu trennen. Die japanischen Meister des Zen sagen in diesem Sinne: »Suche nicht nach der Wahrheit, trenne dich nur von deinen Meinungen.« Trennen Sie sich von Ihren Theorien, suchen Sie nicht nach der Wahrheit. Die Wahrheit lässt sich nicht suchen. Wären Sie nicht so voreingenommen, würden Sie das wissen.

Ähnlich ist es hier. Würden Sie sich von Ihrem Schubladen- oder Etikettendenken trennen, wäre Ihnen das klar. Was meine ich mit Schubladen bzw. Etiketten? Jede Schublade bzw. jedes Etikett, das Sie sich vorstellen können, ausgenommen vielleicht das Etikett »menschliches Wesen«. Ich bin ein menschliches Wesen. Dieses Etikett trifft die Sache ziemlich gut, wenn sie auch nicht sehr viel aussagt. Aber wenn Sie sagen: »Ich habe Erfolg«, so ist das abwegig. Erfolg ist kein Bestandteil des »Ich«; Erfolg ist wechselhaft, er könnte heute da sein und morgen schon nicht mehr. Das ist nicht das »Ich«. Als Sie sagten: »Ich war ein Erfolg«, waren Sie im Irrtum; Sie standen im Dunkeln. Sie haben sich mit dem Erfolg identifiziert. So ist es auch, wenn Sie sagen: »Ich bin ein Versager, ich bin Rechtsanwalt, ich bin Geschäftsmann.«

Sie wissen, was mit Ihnen geschehen wird, wenn Sie sich mit so etwas identifizieren. Sie werden sich daran klammern. Sie werden sich darum zu sorgen beginnen, ob es irgendwann damit vorbei sein könnte, und genau hier liegt der Punkt, an dem Sie anfangen zu leiden. Nichts anderes meinte ich eben, als ich sagte: »Wenn Sie leiden, schlafen Sie noch.«

Möchten Sie ein Zeichen dafür, dass Sie schlafen? Hier ist es: Sie leiden. Leiden ist ein Zeichen dafür, dass Ihnen die Beziehung zur Wahrheit fehlt. Das Leiden wurde Ihnen gegeben, um Ihnen die Augen für die Wahrheit zu öffnen, um zu verstehen, dass es irgendwo Unwahrheit gibt; genauso wie ein körperlicher Schmerz zu verstehen gibt, dass an einer Stelle etwas krank ist. Leid zeigt an, dass irgendwo etwas nicht stimmt. Leid entsteht, wenn Sie in Widerspruch mit der Wirklichkeit leben – wenn Ihre Illusionen sich an der Wirklichkeit, Ihre Lügen sich an der Wahrheit stoßen, wenn Sie leiden. Anders gibt es kein Leid.

Hindernisse auf dem Weg zum Glück

Was ich jetzt sage, mag etwas übertrieben klingen, aber es ist wahr: Vor Ihnen können die wichtigsten Minuten Ihres Lebens liegen. Wenn Sie das begreifen, wird Ihnen das Geheimnis des Erwachens mit einem Schlag klar. Sie werden für immer glücklich, werden nie wieder unglücklich sein. Nichts und niemand wird Ihnen mehr etwas anhaben können. Ich meine das wirklich so: nichts.

Es ist, wie wenn jemand schwarze Farbe in die Luft wirft: die Luft wird davon nicht schwarz, Luft kann man nicht schwarz anmalen. Egal, was Ihnen zustößt, es berührt Sie nicht. Sie behalten Ihren

Frieden. Es gibt Menschen, die das erreicht haben, was ich »menschlich sein« nenne. Lassen Sie den Unsinn, wie eine Marionette einmal hierhin und einmal dorthin gezogen zu werden. Lassen Sie sich nicht von dem, was passiert, oder anderen Leuten vorschreiben, wie Sie empfinden sollen. Sie fühlen, wie man es von Ihnen erwartet, und nennen es »verwundbar sein«. Für mich heißt das: »eine Marionette sein«. Möchten Sie eine Marionette sein? Ein Druck auf den Knopf und Sie liegen am Boden; gefällt Ihnen das? Doch wenn Sie sich weigern, sich mit einem jener Etiketten zu identifizieren, werden die meisten Ihrer Sorgen bald ein Ende haben.

Wir werden später noch über die Angst vor Krankheit und Tod zu sprechen kommen, doch gewöhnlich drehen sich Ihre Sorgen um die Karriere.

Ein Geschäftsmann um die fünfzig, der kaum Zeit hat, trinkt in einer Bar ein Bier und sagt: »Schau dir doch mal meine alten Klassenkameraden an, die haben es wirklich geschafft.« – Dieser Narr! Was meint er damit: »Sie haben es geschafft?« Vielleicht stehen ihre Namen in der Zeitung. Heißt das wohl, es zu »schaffen«? Einer ist Fabrikdirektor, ein anderer wurde Richter; einer wurde dies, ein anderer das. Narren, alle miteinander!

Wer bestimmt denn, was »Erfolg haben« bedeutet? Die törichte Gesellschaft! Die Hauptsorge der Gesellschaft besteht darin, die Gesellschaft krank zu machen. Und je eher Sie das merken, desto besser für Sie. Übel dran sind diese Leute, und Sie haben die Richtung verloren. Sie wurden Direktor der Irrenanstalt, und Sie sind noch stolz darauf, obwohl das überhaupt nichts bedeutet. Direktor einer Firma zu sein, hat nichts damit zu tun, erfolgreich zu leben. Einen Haufen Geld zu haben, hat nichts damit zu tun, ob man ein gelungenes Leben führt. Ihr Leben gelingt, wenn Sie wach werden! Dann müssen Sie sich bei niemand mehr entschuldigen, brauchen niemand mehr etwas erklären, es ist für Sie nicht wichtig, was jemand von Ihnen denkt oder über Sie erzählt. Nichts kann Sie mehr quälen; Sie sind glücklich.

Das heißt für mich, erfolgreich zu sein. Ein guter Posten, Berühmtheit und ein guter Ruf haben absolut nichts mit Glück oder Erfolg zu tun. Das ist völlig unwichtig. In Wirklichkeit plagt unseren Mann in der Bar die Frage, was seine Kinder wohl von ihm halten, was seine Nachbarn von ihm denken, wie seine Frau über ihn denkt. Er hätte berühmt werden sollen. Unsere Gesellschaft und Kultur hämmern es ihm Tag und Nacht ein. Leute, die es geschafft haben! Was geschafft? Sich selbst zum Narren machen, das hat er geschafft. Denn er hat seine ganze Energie auf etwas Wertloses gerichtet. Er ist ängstlich und verwirrt, eine Marionette wie alle anderen. Sehen

Sie sich an, wie er über die Bühne stolziert. Beobachten Sie einmal, wie er sich aufregt, wenn er einen Fleck auf dem Hemd hat. Heißt das Erfolg?

Schauen Sie einmal, wie er Angst bekommt, wenn er daran denkt, dass er vielleicht nicht wiedergewählt wird. Nennen Sie das Erfolg? Er wird durch und durch kontrolliert, manipuliert. Ein unglücklicher, bedauernswerter Mensch. Das Leben macht ihm keine Freude. Er ist ständig unruhig und ängstlich. Nennen Sie das menschlich?

Und wissen Sie, warum das so ist? Nur aus einem einzigen Grund: Sie haben sich mit einem bestimmten Aufkleber identifiziert, haben Ihr »Ich« mit Ihrem Geld oder Ihrem Job oder Ihrem Beruf gleichgesetzt. Das war Ihr Irrtum.

Kennen Sie die Geschichte vom Rechtsanwalt, dem der Klempner eine Rechnung ausgestellt hatte? Er sagte zum Klempner: »Also hören Sie mal, Sie verlangen 200,- Mark für die Stunde. Soviel verdiene ich ja als Rechtsanwalt nicht.« Darauf antwortete der Klempner: »Als ich noch Rechtsanwalt war, habe ich das auch nicht verdient!«

Ob man Klempner, Rechtsanwalt, Geschäftsmann oder Priester ist, berührt das eigentliche »Ich« nicht. Wenn ich morgen meinen Beruf wechseln würde, wäre das so, als wechselte ich meinen Anzug. Ich selbst bleibe derselbe. *Sind Sie Ihre Kleider? Sind Sie Ihr Name? Sind Sie Ihr Beruf?* Hören Sie auf, sich mit alldem zu identifizieren. Das alles kann von heute auf morgen anders sein.

Wenn Sie das wirklich begriffen haben, kann Sie keine Kritik mehr treffen. Keine Schmeichelei, kein Lob wird Sie mehr rühren. Wenn Ihnen jemand sagt: »Sie sind ein toller Kerl«, von was spricht er dann? Er spricht vom »Mich«, und nicht vom »Ich«. Das »Ich« ist weder großartig noch minderwertig, weder erfolgreich noch ein Versager. Es ist keine dieser Schubladen, in die man nach Belieben gesteckt wird. Sie verändern sich schnell und hängen von den Maßstäben ab, die die Gesellschaft setzt. Diese Dinge hängen von Ihrer Beeinflußbarkeit ab. Schubladen werden von der Laune dessen bestimmt, der zufälligerweise gerade mit Ihnen spricht. Schubladen haben nichts mit dem »Ich« zu tun. Das »Ich« passt in keine dieser Schubladen. Das »Mich« ist im allgemeinen egoistisch, töricht und kindisch – ein großer Narr. Wenn Sie mir also sagen: »Sie sind ein Narr«, dann weiß ich das schon lange! Das zugerichtete Selbst – was haben Sie denn erwartet? Ich weiß das schon lange. Warum identifizieren Sie sich mit ihm? Albern! Das ist nicht das »Ich«, sondern das »Mich«.

Möchten Sie glücklich sein? Ununterbrochenes Glück hat keine Ursache. Wahres Glück hat keine Ursache. Sie können mich nicht glücklich machen. Sie sind nicht mein Glück. Wenn Sie jemanden, der erwacht ist, fragen: »Warum sind Sie glücklich?«, wird er antworten: »Warum nicht?«

Glück ist unser natürlicher Zustand. Glück ist der natürliche Zustand kleiner Kinder, ihnen gehört das Königreich, bis die Dummheit der Gesellschaft und Kultur sie angesteckt und verdorben hat. Um das Glück zu erlangen, müssen Sie gar nichts tun, denn das Glück kann man nicht erlangen. Wissen Sie auch warum? Weil wir es schon haben. Wie soll man auch etwas erlangen, was man schon besitzt? Aber warum erfahren Sie es dann nicht? Weil Sie zuerst etwas verlieren müssen, und zwar Ihre Illusionen. Sie brauchen nichts Zusätzliches, um glücklich zu sein; im Gegenteil, Sie müssen etwas verlieren. Das Leben ist leicht, das Leben macht Spass. Es ist nur hart zu Ihren Illusionen, Ambitionen, Ihrer Gier, Ihren Sehnsüchten. Wissen Sie, woher das alles kommt? Daher, dass Sie sich mit allen möglichen Aufklebern identifiziert haben!

Vier Schritte zur Weisheit

Das erste, was Sie tun müssen, ist, mit den negativen Gefühlen, derer Sie sich nicht bewusst sind, in Beziehung zu kommen. Viele Menschen haben negative Gefühle und sind sich dessen nicht bewusst. Viele Leute sind frustriert, und sind sich ihrer Frustration nicht bewusst. Erst wenn sie die Freude kennengelernt haben, geht ihnen auf, wie frustriert sie waren. Unentdeckten Krebs kann man nicht behandeln. Kornwürmer lassen sich nicht aus einer Scheune vertreiben, wenn nicht bekannt ist, dass es sie dort gibt.

Zuerst muss man sich also seiner negativen Gefühle bewusst werden. Was sind das für negative Gefühle? Schwermütigkeit, zum Beispiel. Sie sind verzweifelt und niedergeschlagen; Sie können sich selbst nicht mehr leiden oder fühlen sich schuldig. Sie meinen, das Leben sei witzlos, es habe einfach keinen Sinn; Ihre Gefühle wurden verletzt, Sie fühlen sich nervös und angespannt. Werden Sie sich zuerst über solche Gefühle klar.

Der zweite Schritt (es geht hier um ein Vier-Schritte-Programm) ist, zu verstehen, dass das Gefühl in Ihnen ist und nicht in der Wirklichkeit. Das ist etwas ganz Selbstverständliches, aber denken Sie nicht, dass es allgemein bekannt ist. Das ist es tatsächlich nicht. Auch noch so gebildete Menschen haben das nicht verstanden. Niemand hat mir in der Schule beigebracht, wie ich leben soll, wieviel anderes ich auch gelernt haben mag. So sagte jemand: »Ich habe eine hervorragende Ausbildung genossen. Ich brauchte Jahre, um darüber hinwegzukommen.« Darum geht es bei dem, was ich Spiritualität nenne: verlernen. Verlernen Sie den vielen Unsinn, den man Ihnen beigebracht hat.

Die negativen Gefühle gibt es nur in Ihnen, nicht in der Wirklichkeit. Hören Sie ruhig damit auf, die Wirklichkeit ändern zu wollen. Hören Sie damit auf, andere ändern zu wollen. Wir verwenden unsere ganze Zeit und Kraft auf den Versuch, äußere Umstände verändern zu wollen; unsere Ehefrauen, Chefs, Freunde, Feinde – eben die anderen – umzukrempeln. Wir müssen nichts ändern. Die negativen Gefühle gibt es nur in Ihnen. Niemand auf der Welt hat die Macht, Sie unglücklich zu machen. Es gibt nichts auf der Welt, das die Macht besäße, Ihnen zu schaden oder Sie zu verletzten: kein Ereignis, keine Umstände, keine Situation, auch kein anderer Mensch. Aber niemand hat es Ihnen gesagt; vielmehr erzählte man Ihnen das Gegenteil. Deswegen haben Sie jetzt diese Probleme; deswegen schlafen Sie. Man hat Sie über diese Selbstverständlichkeit im Unklaren gelassen.

Angenommen, ein Gartenfest fällt buchstäblich ins Wasser. Wer fühlt sich dann negativ? Der Regen? Oder Sie? Was verursacht das negative Gefühl? Der Regen oder Ihre Reaktion? Wenn Sie mit dem Knie an den Tisch stoßen, macht das dem Tisch nichts. Er bleibt das, was er sein soll – ein Tisch. Der Schmerz ist in Ihrem Knie, nicht im Tisch.

Die Mystiker wollen uns sagen, dass die Wirklichkeit schon in Ordnung ist; die Wirklichkeit ist nicht problematisch. Probleme gibt es nur in den Köpfen der Menschen. Genauer gesagt: in dummen, schlafenden Köpfen. Die Wirklichkeit ist nicht problematisch. Gäbe es keine Menschen mehr auf diesem Planeten, würden das Leben und die Natur in all ihrer Schönheit und Grausamkeit weitergehen. Wo läge dann das Problem? Es gibt kein Problem. Sie selbst haben das Problem geschaffen – Sie sind das Problem. Sie haben sich mit dem »Mich« identifiziert: das ist das Problem. Das Gefühl gibt es nur in Ihnen, nicht in der Wirklichkeit.

Der dritte Schritt: Identifizieren Sie sich niemals mit diesem Gefühl; es hat nichts mit dem »Ich« zu tun. Definieren Sie Ihr eigentliches Selbst nicht in diesen Denkkategorien. Sagen Sie nicht: »Ich bin frustriert.« Wenn Sie sagen wollen, es gibt hier Frustration, oder, es gibt hier Schwermut, dann ist das in Ordnung. Aber sagen Sie nicht: Ich bin trübsinnig. Damit definieren Sie sich in diesen Kategorien. Das ist Ihre Illusion; das ist Ihr Fehler. Mag es hier auch Frustration oder verletzte Gefühle geben – lassen Sie sie sein, lassen Sie sie in Ruhe. Es wird vorbeigehen. Alles geht vorbei, alles. Ihre Frustrationen und Nervenkitzel haben nichts mit Glück zu tun. Es sind die Ausschläge des Pendels. Wenn Sie Spannung und Nervenkitzel suchen, machen Sie sich auf Frustration gefaßt. Möchten Sie Ihre Droge? Dann machen Sie sich schon auf den Katzenjammer gefaßt. Das Pendel schwingt hin und her.

Das hat nichts mit dem »Ich« zu tun, oder mit Glück. Es ist das »Mich«. Wenn Sie daran denken, wenn Sie sich das tausendmal sagen, wenn Sie diese drei Schritte tausendmal tun, dann schaffen Sie es. Vielleicht müssen Sie sie gar nicht dreimal tun. Dafür gibt es keine Regel. Doch tun Sie sie tausendmal, und Sie werden die größte Entdeckung in Ihrem Leben machen: Weg mit der Goldmine in Alaska. Was wollen Sie denn mit dem Gold anfangen? Wenn Sie nicht glücklich sind, können Sie nicht leben. Sie haben also Gold gefunden. Na und? Sie sind ein König; Sie sind eine Prinzessin. Sie sind frei; es kümmert Sie nicht, ob Sie akzeptiert oder abgewiesen werden, es ist belanglos. Die Psychologen sagen immer, wie wichtig es ist, einen Sinn für Zugehörigkeit zu entwickeln. Unsinn! Wieso möchten Sie denn zu jemand gehören? Das spielt keine Rolle mehr.

Einer meiner Freunde erzählte mir, es gebe einen afrikanischen Stamm, bei dem Kapitalverbrechen mit Verbannung bestraft würden. Wenn man Sie aus New York, oder wo auch immer Sie wohnen, hinauswürfe, würden Sie nicht sterben. Wie kam es also, dass das afrikanische Stammesmitglied starb? Weil es sich an der gemeinsamen Dummheit der Menschheit beteiligte. Er glaubte, er könnte nicht leben, wenn er zu niemandem mehr gehört. Unterscheidet er sich in diesem Punkt wirklich so sehr von den meisten Leuten? Er ist davon überzeugt, dass er zu jemandem gehören muss. Doch muss man weder zu irgendwem noch zu irgend etwas, auch nicht zu irgendeiner Gruppe gehören. Man muss nicht einmal verliebt sein.

Wer hat Ihnen gesagt, dass man das muss? Was Sie wirklich brauchen, ist, frei zu sein und zu lieben. Das ist alles, das ist Ihre Natur. Doch was Sie mir da erzählen, heißt, dass Sie begehrt sein möchten. Sie möchten Applaus, möchten attraktiv sein, und dass alle hinter Ihnen herlaufen. Sie vergeuden Ihr Leben. Wachen Sie auf! Das haben Sie nicht nötig. Sie können ohne all das glücklich sein.

Ihre Gesellschaft wird nicht sehr erfreut sein, so etwas zu hören, denn Sie werden zum Schrecken, wenn Sie die Augen öffnen und das verstehen. Wie lässt sich ein solcher Mensch noch kontrollieren? Er braucht einen nicht; er fürchtet keine Kritik, es ist ihm egal, was man über ihn denkt oder was man von ihm sagt. Er hat all diese Fesseln durchgeschnitten; er ist keine Marionette mehr. Das ist erschreckend. »Deshalb wollten wir ihn los sein. Er spricht die Wahrheit; er hat seine Furcht verloren; er ist nicht mehr menschlich.« Das soll nicht *menschlich* sein!? Das Gegenteil ist der Fall: endlich ein menschliches Wesen! Er ist aus seiner Sklaverei, aus seinem Gefängnis ausgebrochen.

Kein Ereignis rechtfertigt ein negatives Gefühl. Es gibt keine Situation auf der ganzen Welt, die der Grund für ein negatives Gefühl sein könnte. Das haben uns auch alle unsere Mystiker immer wieder nahe zu bringen versucht. Aber niemand hört zu. Das negative Gefühl ist in Ihnen. In der Bhagavad-Gita, dem heiligen Buch der Hindus, sagt Krishna zu Arjuna: »Stürze dich in die Hitze der Schlacht und lege dein Herz zu den Lotosfüßen des Herrn.« Ein wunderbarer Satz.

Um das Glück zu erlangen, müssen Sie gar nichts tun. Von Meister Eckhart stammt das schöne Wort: »Gott lässt sich nicht dadurch erreichen, dass man seiner Seele etwas hinzufügt, sondern indem man etwas abzieht.« Sie tun nichts, um frei zu sein, sondern lassen etwas. Dann sind Sie frei.

Das erinnert mich an die Geschichte von einem irischen Gefangenen, der einen Tunnel unter der Gefängnismauer ins Freie gegraben hatte, durch den er entkommen konnte. Mitten auf einem Schulhof, auf dem kleine Kinder spielten, kroch er aus dem Tunnel ans

Tageslicht. Übermütig sprang er umher und rief: »Ich bin frei, ich bin frei!« Ein kleines Mädchen schaute ihn verächtlich an und sagte: »Das ist doch gar nichts. Ich bin vier.«

Der vierte Schritt: Wie ändert man etwas? Wie ändert man sich selbst? Es gibt vieles, was Sie hierbei verstehen müssen, oder besser gesagt, eines, das man auf verschiedene Weise ausdrücken kann. Stellen Sie sich einen Patienten vor, der zum Arzt geht und ihm sagt, woran er leidet. Der Arzt sagt: »Ja, Ihre Symptome kenne ich sehr gut. Wissen Sie, was ich jetzt tun werde? Ich verschreibe Ihnen eine Arznei für Ihren Nachbarn.« Der Patient erwidert: »Vielen Dank, Herr Doktor, das wird mir sehr helfen.«

Ist das nicht absurd? Aber so handeln wir alle. Derjenige, der schläft, denkt immer, es würde ihm besser gehen, wenn ein anderer sich ändert. Sie leiden, weil Sie schlafen, aber Sie denken sich: »Wie schön könnte das Leben sein, wenn die anderen sich ändern würden; wie schön könnte das Leben sein, wenn mein Nachbar sich änderte, oder meine Frau, oder mein Chef.«

Wir möchten immer, dass jemand anderer sich ändert, damit es uns gut geht. Doch sind Sie noch nie auf den Gedanken gekommen, dass selbst dann, wenn sich Ihre Frau oder Ihr Mann ändert, Ihnen nicht viel geholfen wäre. Sie sind genauso verwundbar wie vorher, genauso ein Narr wie vorher, schlafen genauso wie vorher. Sie sind derjenige, der sich ändern muss, der die Arznei zu schlucken hat. Doch Sie bestehen darauf: »Ich fühle mich gut, weil die Welt in Ordnung ist.« Irrtum! Die Welt ist in Ordnung, weil ich mich gut fühle. Das ist die Botschaft, die uns alle Mystiker verkünden.

Die Welt ist schon in Ordnung

Sobald Sie erwachen, sobald Sie verstehen, sobald Sie sehen, ist die Welt in Ordnung. Immer plagt uns das Problem des Bösen.

Ich kenne dazu eine Geschichte, die nachdenklich macht: Ein kleiner Junge spaziert am Ufer eines Flusses entlang. Er sieht ein Krokodil, das sich in einem Netz verfangen hat. Das Krokodil sagt: »Hab Mitleid mit mir und befreie mich! Ich sehe vielleicht häßlich aus, aber dafür kann ich nichts, ich bin so auf die Welt gekommen. Aber wie häßlich ich auch aussehen mag, so habe ich doch ein liebendes Mutterherz. Als ich heute früh Futter für meine Kleinen suchte, ging ich in diese Falle!«

Der Junge erwidert: »Wenn ich dich befreie, fängst du mich und tötest mich.« Das Krokodil fragt: »Glaubst du, dass ich so etwas meinem Wohltäter und Befreier antun könnte?«

Der Junge ist überzeugt und öffnet das Netz. Sofort schnappt das Krokodil nach ihm. Im Rachen des Krokodils sagt der Junge: »Das also ist dein Lohn für mein gu- tes Werk.« Das Krokodil entgegnet: »Nimm's nicht persönlich, Kleiner, so ist die Welt nun einmal, das ist das Gesetz des Lebens.«

Der Junge widerspricht, bis das Krokodil den Vorschlag macht: »Willst du einen anderen fragen, ob das stimmt?« Der Junge sieht einen Vogel, der auf einem Ast sitzt und fragt ihn: »Vogel, stimmt das, was das Krokodil sagt?« »Ja«, antwortet der Vogel, »das Krokodil hat recht. Sieh mich an: Ich kam einmal mit Futter für meine Jungen nach Hause, und stell dir diesen Schreck vor: ich sah eine

Schlange, die den Baumstamm hinaufkroch, genau auf mein Nest zu. Ich konnte gar nichts dagegen tun. Sie verschlang meine Jungen, eines nach dem anderen. Ich kreischte und schrie, alles war zwecklos. Das Krokodil hat recht, das ist das Gesetz des Lebens, so ist die Welt nun einmal.

»Siehst du«, sagt das Krokodil. Doch der Junge bittet: »Laß mich noch jemanden fragen.« Das Krokodil sagt: »Von mir aus!«

Da kommt ein alter Esel am Ufer dahergetrottet. »Esel«, sagt der Junge, »stimmt das, was das Krokodil sagt?« Der Esel antwortet: »Das Krokodil hat schon recht. Sieh mich an. Mein Leben lang habe ich für meinen Herrn geschuftet und gerackert und dafür kaum genug Futter bekommen. Jetzt, da ich alt und nutzlos bin, ließ er mich laufen. So streife ich durch 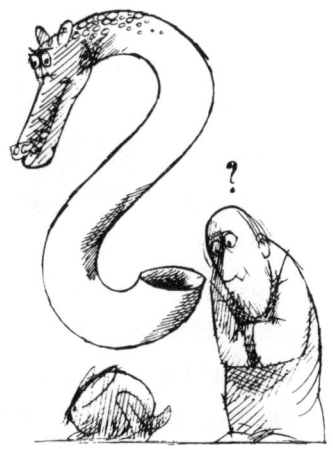 den Dschungel und warte darauf, dass mich ein wildes Tier anspringt und meinem Leben ein Ende macht. Das Krokodil hat recht, das ist das Gesetz des Lebens, so ist die Welt nun einmal.«

»Siehst du«, sagt das Krokodil, »also los!« Doch der Junge bittet es: »Gib mir noch eine Chance, eine letzte Chance. Laß mich noch ein anderes Wesen fragen. Denk daran, wie gut ich zu dir war.« Das Krokodil gibt nach: »Gut, du sollst deine letzte Chance haben.«

Der Junge sieht einen Hasen vorbeilaufen und fragt ihn: »Hase, hat das Krokodil recht?« Der Hase richtet sich auf seinen Hinterläufen auf und fragt das Krokodil: »Das hast du gesagt?« »Ja, das habe ich.« »Einen Augenblick mal«, sagt der Hase, »darüber müssen wir diskutieren.« »Von mir aus«, sagt das Krokodil. Doch der Hase fährt fort: »Wie können wir darüber sprechen, wenn du einen Jungen im Maul hast? Laß ihn raus; auch er muss an unserer Diskussion teilnehmen.«

Das Krokodil erwidert: »Du bist schön schlau. Sobald ich ihn herauslasse, läuft er davon.« Der Hase aber gibt zurück: »Ich dachte, du hättest mehr Verstand als er. Sobald er wegzulaufen versucht, kannst du ihn mit einem Schlag deines Schwanzes töten.« »Also gut«, sagt das Krokodil und lässt den Jungen los. Im selben Moment ruft der Hase: »Lauf!« Der Junge läuft und ist gerettet.

Nach kurzer Zeit fragt der Hase den Jungen: »Magst du denn kein Krokodilfleisch? Möchten die Leute aus deinem Dorf nicht einmal ein gutes Essen? Du hast das Krokodil nicht vollständig befreit; sein ganzes Hinterteil steckt noch im Netz. Warum gehst du nicht ins Dorf und bringst alle her? Dann macht ihr ein Festessen.«

Gesagt, getan. Der Junge geht ins Dorf und ruft alle Männer zusammen. Sie kommen mit Äxten, Knüppeln und Speeren und töten das Krokodil. Der Hund des Jungen läuft hinter der Menge her. Sofort sieht er den Hasen, jagt ihm nach, packt ihn und beißt ihn in die Kehle. Der Junge eilt herbei, doch zu spät. Während er den Hasen in den letzten Zügen sieht, sagt er: »Das Krokodil hatte doch recht, so ist die Welt nun einmal, das ist das Gesetz des Lebens.«

Es gibt keine Erklärung für all das Leid, das Böse, die Qualen, die Zerstörung und den Hunger in der Welt. Es ist nicht zu ergründen, sosehr wir uns mit unseren religiösen oder sonst welchen Theorien darum bemühen, es bleibt uns verschlossen. Denn das Leben ist ein Rätsel, und das bedeutet, dass Ihr denkender Kopf darin keinen Sinn sehen kann. Darum müssen Sie erwachen, und Sie werden plötzlich verstehen, dass nicht die Wirklichkeit das Problem ist, sondern Sie.

Schlafwandeln

Die Bibel weist immer darauf hin, aber Sie werden kein Wort davon verstehen, solange Sie nicht erwacht sind. Schlafende Menschen lesen die Bibel und kreuzigen unter Berufung auf die Schrift den Messias. Sie müssen wach werden, um den Sinn der Bibel zu erkennen. Wenn Sie aufwachen, ergibt sie einen Sinn – so wie die Wirklichkeit. Aber nie werden Sie imstande sein, den Sinn in Worten auszudrücken.

Sie würden lieber etwas tun ? Aber selbst dann müssen wir uns versichern, dass Sie nicht einfach einem Aktivismus verfallen, mit dem Sie Ihre negativen Gefühle loswerden wollen. Viele stürzen sich einfach in irgendeine Aktivität und machen damit alles noch schlimmer. Sie handeln nicht aus Liebe, sondern aus negativen Gefühlen heraus. Sie handeln aus Schuldgefühlen, Ärger, Haß; aus einem Ungerechtigkeitsgefühl oder was auch immer. Erst müssen Sie sich über Ihr »Sein« klar werden, bevor Sie loslegen. Sie müssen sich erst klar darüber sein, wer Sie sind, bevor Sie handeln.

Wenn Schlafende handeln, ersetzen Sie unglücklicherweise eine Grausamkeit durch eine andere, eine Ungerechtigkeit durch eine neue. So ist das nun einmal. Meister Eckhart sagt: »Nicht durch deine Taten wirst du gerettet werden« (oder aufwachen, nennen Sie es, wie Sie wollen), »sondern durch dein Sein. Nicht nach dem, was du tust, sondern nach dem, was du bist, wirst du gerichtet werden.«

Was bringt es Ihnen, den Hungrigen zu essen zu geben, den Durstigen zu trinken, oder Gefangene im Gefängnis zu besuchen?

Denken Sie an das Wort des Apostel Paulus: »Und wenn ich meine ganze Habe verschenkte, und wenn ich meinen Leib dem Feuer übergäbe, hätte aber die Liebe nicht, nützte es mir nicht« (1 Kor 13, 3). Nicht unsere Taten, sondern unser Sein zählt. *Dann* können Sie handeln. Sie können etwas tun oder es lassen. Sie können das nicht entscheiden, solange Sie nicht erwacht sind.

Bedauerlicherweise wird immer nur Wert darauf gelegt, die Welt zu verändern, und kaum auf die Notwendigkeit, wach zu werden. Sobald Sie aufwachen, werden Sie wissen, was Sie zu tun oder zu lassen haben.

Manche Mystiker sind schon sehr merkwürdig. Wie Jesus, der etwa sagte: »Ich wurde nicht zu diesen Leuten gesandt; ich beschränke mich darauf, das zu tun, was ich gerade jetzt meine, tun zu müssen. Später, vielleicht.« Manche Mystiker verstummen, manche singen unerklärlicherweise Lieder, manche dienen. Wir können uns nie sicher sein. Sie tun, was sie für richtig halten; sie wissen genau, was zu tun ist. Wie ich schon sagte: »Stürze dich in die Hitze der Schlacht und lege dein Herz zu den Lotosfüßen des Herrn.«

Stellen Sie sich vor, Sie fühlen sich nicht wohl und sind schlechter Laune. Dabei werden Sie durch eine wunderbare Landschaft gefahren. Die Gegend ist herrlich, aber Sie sind nicht in der Stimmung, etwas aufzunehmen. Ein paar Tage später kommen Sie wieder an diesem Ort vorbei und rufen aus: »Nicht zu glauben! Wo war ich nur, dass ich das alles nicht gesehen habe?« – Alles wird schön, wenn Sie selbst sich ändern.

Oder Sie schauen durch regennasse Fensterscheiben auf Wälder und Berge, und alles sieht verschwommen und formlos aus. Am liebsten würden Sie hinausgehen und diese Bäume und Berge verändern. Doch warten Sie, untersuchen wir erst einmal Ihr Fenster. Wenn der Sturm sich legt und der Regen nachlässt, und Sie durch das Fenster schauen, stellen Sie fest: »Alles sieht auf einmal anders aus.« Wir sehen Menschen und Dinge nicht so, wie sie sind, sondern wie wir sind. Darum ist es auch zweierlei, wenn zwei Menschen etwas oder einen anderen Menschen betrachten. Wir sehen Dinge und Menschen nicht wie sie sind, sondern wie wir sind.

Erinnern Sie sich an das Wort aus der Bibel, dass alles gut wird für die, welche Gott lieben? Wenn Sie dann schließlich wach werden, versuchen Sie nicht, gute Dinge geschehen zu lassen; sie geschehen von selbst. Plötzlich erkennen Sie, dass alles, was Ihnen passiert, gut ist. Denken Sie an ein paar Leute aus Ihrem Bekanntenkreis, die Sie gerne ändern würden. Sie finden sie launisch, unüberlegt, unzuverlässig, hinterhältig, und wie auch immer diese Eigenschaften heißen mögen. Aber wenn Sie anders sind, werden auch jene anders sein. Das ist eine unfehlbare und wundersame Kur. Sobald Sie anders sind, werden jene anders werden. Dann werden Sie sie mit anderen Augen sehen. Wer Ihnen vorher erschreckend erschien, wird nun erschrocken erscheinen. Wer Ihnen vorher grob erschien, wird Ihnen nun erschrocken vorkommen. Plötzlich hat niemand mehr die Macht, Sie zu verletzen. Niemand hat mehr die Macht, Druck auf Sie auszuüben. Die Leute sind so sehr damit beschäftigt, alle anderen anzuklagen, allen anderen die Schuld zu geben, dem Leben, der Gesellschaft, dem Nachbarn. So werden Sie sich nie verändern; Sie verharren in Ihrem Alptraum, Sie werden niemals wach.

Führen Sie dieses Programm aus, tausendmal:

a) Erkennen Sie die negativen Gefühle in sich;

b) verstehen Sie, dass diese Gefühle in Ihnen sind und nicht in der Welt, nicht in der Wirklichkeit;

c) betrachten Sie diese Gefühle nicht als wesentlichen Bestandteil des »Ichs«; sie kommen und gehen;

d) erkennen Sie, dass sich alles ändert, wenn Sie sich ändern.

Begierig nach Veränderung

Hier stellt sich die große Frage: Muss ich etwas tun, um mich zu ändern? Ich habe eine große Überraschung für Sie, eine Menge guter Neuigkeiten! Sie müssen nämlich überhaupt nichts tun. Je mehr Sie tun, desto schlimmer wird alles. Das einzige, was Sie tun müssen, ist – verstehen.

Denken Sie an jemanden, mit dem Sie leben oder arbeiten, und den Sie nicht mögen, der bei Ihnen negative Gefühle weckt. Ich will versuchen, Ihnen verständlich zu machen, was hier vor sich geht.

Das erste, was Sie verstehen müssen, ist, dass das negative Gefühl in Ihnen ist. Sie selbst sind dafür verantwortlich und niemand sonst. Ein anderer wäre in Gegenwart dieses Menschen völlig ruhig und gelöst; er wäre ihm gleichgültig. *Ihnen* aber nicht.

Dann müssen Sie noch etwas anderes einsehen, nämlich, dass

Sie Ansprüche erheben. Sie haben eine bestimmte Erwartung an diese Person. Verstehen Sie das? Dann sagen Sie dem oder der Betreffenden: »Ich habe kein Recht, irgendeinen Anspruch an dich zu stellen.« Wenn Sie das sagen, werden Sie Ihre Erwartung aufgeben. »Ich habe kein Recht, einen Anspruch an dich zu stellen. Ja, ich werde mich schon vor den Folgen deines Tuns, deiner Stimmungen oder was auch immer zu schützen wissen, aber du sei nur, was du sein möchtest. Ich habe kein Recht, Ansprüche an dich zu stellen.«

Achten Sie darauf, was mit Ihnen geschieht, wenn Sie das tun. Spüren Sie in sich einen Widerstand, das zu sagen, werden Sie noch viel über Ihr »Mich« herausfinden. Bringen Sie den Diktator, den Tyrannen in Ihnen zum Vorschein. Sie dachten, Sie seien ein richtiges kleines Unschuldslamm, nicht wahr? Doch ich bin ein Tyrann, und Sie sind ein Tyrann – eine kleine Variante von »Ich bin ein Narr, du bist ein Narr.« Ich bin ein Diktator, du bist ein Diktator. Ich möchte dein Leben für dich führen; ich möchte dir genau vorschreiben, wie du sein sollst, und wie du dich zu verhalten hast; und du solltest dich wirklich so verhalten, wie ich es beschlossen habe, sonst bestrafe ich mich selbst mit meinen negativen Gefühlen. Denken Sie daran, was ich Ihnen gesagt habe: jeder ist irgendwie verrückt.

Eine Frau erzählte mir einmal, dass ihr Sohn in der Schule einen Preis gewonnen habe, für hervorragende Leistungen in Sport und in Geisteswissenschaften. Sie freute sich für ihn, war aber fast versucht, ihm zu sagen: »Juble nicht zu sehr über den Preis, du wirst dann umso enttäuschter sein, wenn du im nächsten Jahr nicht mehr so gut abschneidest.« Sie befand sich in einem Dilemma: Wie sollte sie seine vorhersehbare Ernüchterung verhindern, ohne seine Seifenblase jetzt platzen zu lassen.

Hoffentlich wird er ebenso dazulernen, wie seine Mutter an Weisheit gewinnen wird. Es geht nicht darum, was sie ihm sagt, vielmehr kommt es darauf an, was sie möglicherweise werden wird. Dann wird er es verstehen; dann wird sie wissen, ob und wann sie etwas sagen soll. Dieser Preis war das Ergebnis von Wettbewerb, der sehr grausam sein kann, wenn er auf Haß auf sich selbst und auf andere begründet ist. Man fühlt sich gut auf Kosten eines anderen, der sich schlecht fühlt; man besiegt ihn. Ist das nicht schrecklich? Für Narren ist das etwas Selbstverständliches.

Ein amerikanischer Arzt schrieb einmal über die Auswirkungen des Wetteiferns auf sein Leben. Er studierte Medizin an einer Universität in der Schweiz, an der auch ziemlich viele Amerikaner waren. Er berichtete, dass viele Studenten einen regelrechten Schock erlitten, als sie erfuhren, dass es an dieser Universität weder Noten, Preise, Ranglisten, Kursbeste oder -zweitbeste gab. Entweder man bestand oder nicht.

Er erzählte: »Manche von uns konnten es einfach nicht aushalten. Wir bekamen fast Verfolgungswahn. Wir dachten, da müsse doch irgendein Trick dabei sein.« Einige wechselten dann auch an eine andere Universität. Diejenigen, die es aushielten, entdeckten plötzlich etwas Seltsames, was ihnen von amerikanischen Universitäten fremd war: gute Studenten halfen anderen, die Prüfung zu bestehen und gaben ihnen ihre Mitschriften. Heute studiert sein Sohn Medizin in den Vereinigten Staaten, und er erzählte, dass manche Studenten das Mikroskop im Labor oft so verstellen, dass der nächste einige Minuten braucht, um wieder damit arbeiten zu können. Das ist Wettbewerb! Sie müssen Erfolg haben, müssen perfekt sein.

Dieser Arzt erzählt dann eine nette kleine Geschichte, die sich tatsächlich zugetragen haben soll, aber ebensogut eine schöne Parabel sein könnte. Sie handelt in einer Kleinstadt in Amerika: Ein paar Leute trafen sich abends, um Musik zu machen. Mit von der Partie waren ein Saxophonist, ein Schlagzeuger, ein Geigenspieler – meistens ältere Leute. Sie trafen sich, um Gesellschaft zu haben und aus purer Freude am Musizieren, obwohl keiner ein Meister auf seinem Instrument war. Sie hatten immer viel Spass, bis zu dem Tag, an dem sie einen neuen Dirigenten engagierten, der sehr ehrgeizig war. Der neue Dirigent erklärte ihnen: »Also Leute, wir müssen ein Konzert geben; ein Konzert, zu dem die ganze Stadt kommt.« Bald darauf warf er einen nach dem anderen von den Leuten hinaus, die nicht so gut spielen konnten, engagierte ein paar Berufsmusiker, bis er ein richtiges Orchester zusammen hatte und alle ihre Namen in der Zeitung standen. War das nicht großartig? So beschlossen sie, in die Großstadt zu gehen und dort auf-

zutreten. Doch einige der alten Mitglieder des Orchesters hatten Tränen in den Augen und sagten: »Früher war es so schön, als wir noch schlecht spielten und unseren Spass hatten.« So kam Grausamkeit in ihr Leben, und niemand erkannte sie als Grausamkeit. Wie verrückt waren sie geworden!

Einige haben mich gefragt, was ich damit gemeint habe, als ich sagte: »Seien Sie ganz Sie selbst, das ist in Ordnung, aber ich werde mich schützen: ich werde ganz ich selbst sein.« Mit anderen Worten: ich werde dir nicht gestatten, mich zu manipulieren. Ich lebe mein Leben, gehe meinen eigenen Weg; ich werde mir immer erlauben, meine eigenen Gedanken zu haben, meine eigenen Neigungen und meinen eigenen Geschmack. Ich werde dir auch nein sagen können.

Wenn ich nicht mit dir zusammen sein möchte, dann nicht wegen irgendwelcher negativen Gefühle, die du in mir weckst. Das kannst du einfach nicht mehr, du hast keine Macht mehr über mich. Ich möchte vielleicht lieber mit jemand anderem zusammen sein. Wenn du mich zum Beispiel fragen würdest: »Hättest du Lust, heute abend mit mir ins Kino zu gehen?«, könnte ich dir antworten: »Tut mir leid, ich möchte mit jemand anderem gehen; ich möchte lieber mit ihm zusammensein.« Das wäre völlig in Ordnung.

Es ist wunderbar, nein sagen zu können; es gehört mit zum Wachwerden. Es gehört zum Wachwerden, sein Leben so zu leben, wie man es für richtig hält.

Verstehen Sie mich recht: das hat *nichts* mit Egoismus zu tun. Egoistisch wäre es, zu verlangen, dass jemand sein Leben so lebt, wie *Sie* es für richtig halten. *Das* ist egoistisch. Es ist nicht egoistisch, sein Leben so zu leben, wie man es selbst für richtig hält. Der Egoismus liegt in der Forderung, dass andere Leute so leben sollen, wie es Ihrem Geschmack, Ihrem Stolz, Ihrem Nutzen oder Ihrem Vergnügen entspricht. Das ist wirklich egoistisch. Deshalb schütze ich mich. Ich fühle mich nicht dazu verpflichtet, mit dir zusammen zu sein, ebensowenig fühle ich mich dazu verpflichtet, ja zu sagen.

Wenn ich deine Gesellschaft mag, genieße ich sie, ohne mich daran zu klammern. Aber ich meide dich nicht länger wegen irgendwelcher negativen Gefühle, die du in mir weckst. Diese Macht hast du nicht mehr.

Das Erwachen sollte eine Überraschung sein. Wenn etwas, was Sie nicht erwarten, eintritt, sind Sie überrascht. Als Frau Webster ihren Mann dabei ertappte, wie er das Dienstmädchen küßte, sagte sie ihm, sie sei sehr überrascht. Aber Webster war ein bißchen pingelig, was den korrekten Gebrauch der Sprache betraf (verständlicherweise, arbeitete er doch gerade an seinem berühmten Wörterbuch), und so erklärte er ihr: »Nein, meine Liebe, ich bin überrascht. Du bist verblüfft!«

Manche setzen sich das Erwachen zum Ziel. Sie streben fest entschlossen danach und stehen auf dem Standpunkt: »Ich weigere mich, glücklich zu sein, bis ich erwacht bin.« In diesem Fall ist es besser, so zu bleiben, wie Sie sind, sich einfach dessen bewusst zu sein, wie Sie sind. Verglichen mit dem Versuch, ständig zu reagieren, ist einfache Bewusstheit Glück. Viele reagieren deshalb so schnell, weil sie es ohne Bewusstheit tun. Sie werden noch verstehen, dass es auch Gelegenheiten gibt, bei denen Sie unvermeidlich reagieren, auch in voller Bewusstheit. Aber in dem Maße, in dem die Bewusstheit wächst, reagieren Sie weniger und agieren mehr.

Ein Schüler sagte zu seinem Guru, dass er einen fernen Ort aufsuchen wolle, um zu meditieren und, wie er hoffte, Erleuchtung zu erlangen. Alle sechs Monate schickte er dem Guru eine Nachricht, um ihn über seine Fortschritte zu unterrichten. So schrieb er im ersten Brief: »Nun verstehe ich, was es heißt, das Selbst aufzugeben.« Der Guru zerriß den Brief und warf ihn in den Papierkorb.

Nach sechs Monaten erhielt er die nächste Nachricht, in der es hieß: »Nun besitze ich das Empfinden für alles Lebendige.« Auch diesen Brief zerriß er.

Die dritte Nachricht lautete: »Jetzt kenne ich das Geheimnis des Einen und des Vielen.« Der Brief wurde zerrissen. So ging es mehrere Jahre, bis schließlich keine Nachricht mehr kam.

Nach einiger Zeit regte sich beim Guru die Neugier. Als eines Tages ein Reisender auf dem Weg zu dem fernen Ort war, an dem sich sein Schüler aufhielt, bat der Guru ihn: »Könntest du nicht herausfinden, was aus diesem Mann geworden ist?«

Endlich erhielt er einen Brief von seinem Schüler, darin stand: »*Was macht das schon aus?*« Als der Guru das las, rief er laut: »Er hat es geschafft! Er hat es geschafft! Endlich hat er verstanden! Er hat es verstanden!«

Eine andere Geschichte wird erzählt von einem Soldaten auf dem Schlachtfeld, der einfach sein Gewehr fallen ließ, ein Stück Papier vom Boden aufhob und es betrachtete. Nach kurzer Zeit ließ er es wieder zu Boden flattern. Dann ging er ein Stückchen weiter und tat das gleiche. Die anderen Soldaten sagten: »Der ist ja lebensmüde. Er braucht Hilfe.« So schafften sie ihn in eine Klinik, wo sich der beste Psychiater um ihn kümmerte. Aber nichts schien zu helfen. Der Soldat wanderte durch die Gänge, las Papierfetzen auf, schaute sie kurz an und ließ sie wieder zu Boden flattern. Schließlich sagte man: »Wir müssen diesen Mann aus der Armee entlassen.« Also rief man ihn herein und überreichte ihm seine Entlassungsurkunde. Er nahm sie, warf einen Blick darauf und rief: »Ist sie das? Das ist sie!« Endlich hatte er sie gefunden.

Seien Sie sich also Ihrer momentanen Bedingtheit bewusst, wie auch immer sie sei. Hören Sie auf, der Diktator zu sein. Hören Sie auf, sich zu etwas zu zwingen. Dann werden Sie eines Tages einsehen, dass Sie allein durch Bewusstheit bereits erreicht haben, wozu Sie sich zwingen wollten.

Ein veränderter Mensch

Stellen Sie auf dem Weg zur Bewusstheit keine Forderungen. Es ist eher wie das Befolgen von Verkehrsregeln. Beachten Sie die Verkehrsregeln nicht, müssen Sie eine Strafe zahlen. Hier in den Vereinigten Staaten fährt man auf der rechten Straßenseite; in Großbritannien fährt man links; ebenso in Indien. Wer sich nicht daran hält, zahlt ein Bußgeld; für verletzte Gefühle, Forderungen oder Erwartungen ist da kein Platz. Man hat sich einfach an die Verkehrsregeln zu halten.

Sie möchten wissen, wann Mitleid und Schuld bei alldem ins Spiel kommen. Sie werden das erfahren, sobald Sie erwacht sind. Sollten Sie sich gerade jetzt schuldig fühlen, wie, um Himmels Willen, könnte ich es Ihnen erklären? Woher wollen Sie wissen, was Mitleid ist? Wie Sie wissen, gibt es Leute, die es Jesus gleichtun möchten. Aber wenn ein Affe Saxophon spielt, ist er noch lange kein Musiker. Man kann es Jesus nicht gleichtun, indem man sein Verhalten imitiert. Sie müssen Jesus sein. Dann werden Sie auch wissen, was bei Ihrem eigenen Temperament, Ihrem Charakter und dem Temperament Ihres Gegenübers in einer bestimmten Situation zu tun ist. Niemand sonst kann Ihnen das sagen. Aber um so handeln zu können, müssen Sie sein, was Jesus war. Eine Nachahmung bringt Ihnen gar nichts.

Wenn Sie meinen, dass Mitleid Weichheit bedeute, dann sehe ich nicht, wie ich Ihnen Mitleid beschreiben könnte, ich sehe hier keine Möglichkeit, denn Mitleid kann sehr hart sein. Mitleid kann sehr grausam sein, es kann einen schockieren, es kann gleichsam seine Ärmel hochkrempeln und auf einen losgehen. Mitleid ist alles mögliche. Mitleid kann auch sehr zart sein, aber das kann man nie wissen. Nur, wenn Sie Liebe werden – mit anderen Worten, wenn Sie Ihre Illusionen und alles, woran Sie hängen, aufgeben – dann werden Sie »wissen«.

Je weniger Sie sich mit dem »Mich« identifizieren, desto mehr werden Sie mit allem und allen im Einklang sein. Wissen Sie auch warum? Weil Sie keine Angst mehr haben, verletzt oder nicht gemocht zu werden. Es liegt Ihnen nichts mehr daran, Ihre Mitmenschen zu beeindrucken. Können Sie sich die Erleichterung vorstellen, wenn Sie niemanden mehr beeindrucken müssen? Eine enorme Erleichterung, letztendlich ist es Glück. Sie spüren keinen Druck oder Zwang mehr, etwas erklären zu müssen. Alles ist in Ordnung. Was gibt es schon zu erklären? Sie spüren keinen Druck oder Zwang mehr, sich für etwas entschuldigen zu müssen. Ich würde Sie viel lieber sagen hören: »Ich bin wach geworden«, als: »Es tut mir leid.« Ich würde Sie viel lieber sagen hören: »Seit wir uns das letzte Mal gesehen haben, bin ich wach geworden; was ich dir angetan habe, wird nicht mehr passieren«, als: »Was ich dir angetan habe, tut mir sehr leid.«

Warum sollte jemand eine Entschuldigung verlangen? Das müssen Sie einmal genauer hinterfragen. Selbst wenn jemand absichtlich gemein zu Ihnen gewesen sein sollte, gibt es für Entschuldigungen keinen Platz.

Niemand war gemein zu Ihnen. Jemand war gemein zu dem, von dem er oder sie dachte, dass Sie es wären, aber es waren nicht Sie. Niemand weist Sie je zurück – man weist nur das zurück, von dem man meint, dass Sie es wären, wenn das auch nicht weniger schmerzt. Denn ebensowenig akzeptiert Sie jemand. Bis die anderen wach geworden sind, akzeptieren sie nur ein Bild von Ihnen, oder sie lehnen es eben ab. Nur das Bild, das man sich von Ihnen gemacht hat, wird entweder akzeptiert oder abgelehnt.

Sie sehen, wie umwälzend es sein kann, sich damit näher zu befassen. Mag sein, dass es ein bißchen zu befreiend ist. Doch wie einfach ist es, die Menschen zu lieben, wenn man das versteht! Wie einfach ist es doch, jeden zu lieben, wenn man sich nicht mit den Vorstellungen identifiziert, die sich andere von einem machen. Es wird einfach, sie zu lieben, alle zu lieben.

Ich beobachte »Mich«, aber ich denke nicht über das »Mich« nach. Wenn ich »Mich« beobachte, bin ich mir stets bewusst, dass es nur eine Betrachtung ist. In Wirklichkeit denkt man nicht in Kategorien von »Ich« und »Mich«.

Es ist wie beim Autofahren, der Fahrer möchte nie das Bewusstsein für das Auto verlieren. Nichts gegen Tagträume, doch darf man dabei nie das Bewusstsein für seine Umgebung verlieren. Immer heißt es, wachsam zu sein. Es ist wie bei einer Mutter, die schläft; sie hört nicht das Dröhnen der Flugzeuge, die über ihr Haus fliegen, doch vernimmt sie sofort den leisesten Seufzer ihres Kindes. Sie ist wachsam, sie ist in diesem Sinne wach. Über den wachen Zustand lässt sich gar nichts sagen, nur über den schlafenden Zustand.

Ebenso lässt sich nichts über das Glücklichsein sagen. Glücklichsein ist nicht zu definieren. Was definiert werden kann, ist das Unglücklichsein. Vergessen Sie Ihr Unglück, und Sie wissen es. Liebe lässt sich nicht definieren, Nicht-Liebe dagegen schon. Vergessen Sie Nicht-Liebe, Angst, und Sie werden es wissen. Wir wollen herausfinden, was das ist: ein erwachter Mensch. Aber das werden Sie erst erfahren, wenn Sie es erreicht haben.

Ich habe gesagt: »Man hat kein Recht, irgendwelche Forderungen zu stellen.« Bezieht sich das auch auf unsere Kinder? Früher oder später wird sich Ihr Kind – mit Gottes Segen – von Ihnen lösen müssen. Und Sie werden keine Rechte mehr über Ihre Tochter oder Ihren Sohn haben. Im Grunde ist sie oder er auch nicht Ihr Kind – das sind sie nie gewesen. Ihr Kind gehört dem Leben, nicht Ihnen. Niemand gehört Ihnen. Wovon Sie sprechen, ist die Erziehung des Kindes: Wenn du zu mittag essen willst, musst du zwischen zwölf und eins zuhause sein, sonst bekommst du eben nichts mehr. Punktum. So ist das bei uns. Bist du nicht pünktlich, gibt es kein Essen. Du bist frei, aber die Konsequenzen musst du tragen.

Wenn ich sage, dass man keine Erwartungen an andere haben soll, keine Forderungen stellen soll, meine ich damit Erwartungen und Forderungen, die meinem eigenen Wohlbefinden dienen. Der Präsident der Vereinigten Staaten muss zwangsläufig Forderungen an die Bürger stellen. Der Verkehrspolizist muss zwangsläufig Forderungen an die Verkehrsteilnehmer stellen. Aber diese Forderungen betreffen das allgemeine Verhalten – Verkehrsregeln, gute Organisation, das reibungslose Funktionieren der Gesellschaft – sie sind nicht dazu da, dass der Präsident oder der Verkehrspolizist sich wohlfühlen können.

Zur Stille gelangen

Jeder fragt mich, was sein wird, wenn man es schließlich erreicht. Ist das nur Neugier? Wir fragen immer, wie könnte das in dieses System passen, wie könnte das in diesem Zusammenhang Sinn haben, oder wie wird es sich anfühlen, wenn wir es schließlich erreichen. Fangen Sie einfach an, dann werden Sie es wissen, es ist nicht zu beschreiben. Ein Sprichwort aus dem Orient sagt: »Der Wissende spricht nicht; der Sprechende weiß nicht.« Es lässt sich nicht ausdrücken; nur das Gegenteil lässt sich ausdrücken. Der Guru kann einem nicht die Wahrheit schenken. Wahrheit ist nicht in Worte oder in einen Lehrsatz zu fassen. Das ist nicht die Wahrheit. Das ist nicht die Wirklichkeit. Die Wirklichkeit kann nicht auf eine Formel gebracht werden. Der Guru kann einem nur seine Irrtümer aufzeigen. Wenn Sie von Ihren Irrtümern Abstand nehmen, werden Sie die Wahrheit erfahren. Und nicht einmal dann können Sie sie in Worte fassen. Es gehört zum allgemeinen Lehrgut der großen katholischen Mystiker.

Der große Thomas von Aquin schrieb nicht und redete nicht gegen Ende seines Lebens; er hatte gesehen. Ich war der Meinung, er habe sein berühmtes Stillschweigen nur ein paar Monate eingehalten, aber es dauerte Jahre. Er erkannte, dass er einen Narren aus sich gemacht hatte, was er auch ausdrücklich sagte. Es wäre dasselbe, wie wenn Sie noch nie eine grüne Mango versucht hätten und mich fragen würden: »Wie schmeckt sie?«, und ich antworten würde: »Sauer.« Doch indem ich Ihnen dieses Wort vorgäbe, würde ich Sie schon vom Weg abbringen. Versuchen Sie, das zu verstehen.

Die meisten Menschen sind nicht sehr weise; sie eignen sich Worte an – Worte der Schrift zum Beispiel – und verstehen alles falsch. »Sauer«, sage ich also, und Sie fragen: »Sauer wie Essig oder wie eine Zitrone?« Nein, nicht sauer wie eine Zitrone, sondern sauer wie eine Mango. »Aber ich habe noch nie eine probiert«, antworten Sie. Das ist schade! Aber Sie lassen sich nicht beirren und schreiben eine Doktorarbeit darüber. Wenn Sie eine Mango probiert hätten, hätten Sie das nicht getan, wirklich nicht. Sie hätten vielleicht über ein anderes Thema eine Doktorarbeit geschrieben, aber nicht über Mangofrüchte. Und an dem Tag, an dem Sie endlich eine grüne Mango versuchen, werden Sie sagen: »O nein, wie habe ich mich zum Narren gemacht. Hätte ich diese Doktorarbeit doch nie geschrieben.« Genau das hat Thomas von Aquin getan.

Ein großer deutscher Philosoph und Theologe schrieb sogar ein Buch über das Schweigen des heiligen Thomas. Er schwieg einfach, er sprach nicht mehr. Im Prolog zu seiner »Summa Theologica«, die das Resumee seines ganzen theologischen Denkens darstellt, schreibt er: »Von Gott können wir nicht sagen, was er ist, sondern nur, was er nicht ist. Deshalb können wir keine Aussage darüber treffen, wie er ist, sondern nur darüber, wie er nicht ist.« Und in seinem berühmten Kommentar zu dem Werk des großen Philosophen und Staatsmannes aus dem 5. Jahrhundert, Boethius, »De Sancta Trinitate« stellt er fest, dass es drei Arten der Gotteserkenntnis gibt: 1. in der Schöpfung, 2. im Handeln Gottes in der Geschichte, und 3. die höchste Form der Gotteserkenntnis: Gott »tamquam ignotum« – Gott als den Unbekannten zu erkennen. Die höchste Form, in der man von Gott, dem Dreifaltigen, sprechen kann, ist anzuerkennen, dass man nichts weiß. Der dies sagt, ist kein fernöstlicher Meister des Zen, sondern ein Heiliger und für Jahrhunderte wohl der einflußreichste Kirchenlehrer der Römisch-katholischen Kirche. Gott als den Unbekannten zu erkennen. An einer anderen Stelle sagt der heilige Thomas sogar: als den Unerkennbaren zu erkennen. Wirklichkeit, Gott, Göttlichkeit, Wahrheit, Liebe werden unbegreiflich; das bedeutet, das dies alles vom Verstand nicht begriffen werden kann. Das würde viele Fragen der Menschen erledigen, leben wir doch immer in der Illusion, dass wir wissen. Dem ist aber nicht so. Das können wir gar nicht.

Was ist denn dann die Heilige Schrift? Sie ist ein Fingerzeig, ein Hinweis und keine Beschreibung. Der Fanatismus eines aufrechten Gläubigen, der meint, Bescheid zu wissen, verursacht mehr Böses als die vereinten Bemühungen von zweihundert Gaunern. Es ist erschreckend zu sehen, was aufrechte Gläubige zu tun bereit sind, weil sie meinen, Bescheid zu wissen. Wäre es nicht großartig, wenn es eine Welt gäbe, in der alle sagten: »Wir wissen nicht«? Eine große Hürde wäre genommen.

Ein Mann, von Geburt an blind, kommt zu mir und fragt: »Was ist das, was man grün nennt?« – Wie beschreibt man jemandem die Farbe grün, der noch nie gesehen hat? Mit Hilfe von Analogien. Also antworte ich: »Die Farbe grün ist wie sanfte Musik.« »Oh,« sagt er, »wie sanfte Musik.« »Ja,« bestätige ich ihm, »sanfte und beruhigende Musik.«

Ein anderer Blinder kommt zu mir und fragt: »Was ist die Farbe grün?« Ich erzähle ihm etwas von fließendem Satin, ganz glatt und angenehm anzufassen. Am nächsten Tag sehe ich, wie sich die beiden Männer gegenseitig Flaschen auf die Köpfe schlagen. Der eine sagt: »Es ist wie sanfte Musik«, der andere sagt: »Es ist wie glatter

Satin.« Und so geht es weiter. Keiner weiß, wovon er spricht – wüssten sie es, wären sie still. Genauso schlimm ist es, ja sogar noch schlimmer, denn wenn dieser Mann eines Tages das Augenlicht erhält, im Garten sitzt und um sich schaut, und Sie ihm sagen: »Jetzt wissen Sie auch, was die Farbe grün ist,« wird er antworten: »Ja, das stimmt. Ich habe heute morgen ein Stück gehört.«

Es ist tatsächlich so, dass man von Gott umgeben ist, und ihn nicht sieht, weil man »von ihm weiß«. Das letzte Hindernis zur Anschauung Gottes ist Ihr Gottesbegriff. Sie vermissen Gott, weil Sie meinen, Sie wüßten Bescheid. Das ist das Schlimme an der Religion. Eben das sagte bereits das Evangelium: dass religiöse Menschen »Bescheid wussten« und deswegen Jesus schließlich loswurden.

Das höchste Wissen von Gott ist, ihn als den Unerkennbaren zu erkennen. Es wird viel zu viel von Gott gesprochen. Es gibt zu wenig Bewusstheit, zu wenig Liebe, zu wenig Glück; doch seien wir etwas zurückhaltender mit diesen Wörtern. Man trennt sich zu selten von Illusionen, von Irrtümern, von dem, woran man hängt, und von Grausamkeiten – es gibt zu selten Bewusstheit. An diesem Mangel leidet die Welt, nicht an einem Mangel an Religion. Religion soll Mangel an Bewusstheit und Erwachen beheben. Schauen Sie doch, wie weit wir degeneriert sind. Kommen Sie in meine Heimat und erleben Sie, wie man einander um der Religion willen umbringt. Das gibt es auf der ganzen Welt. »Der Wissende spricht nicht, der Sprechende weiß nicht.« Alle Offenbarungen, wie göttlich sie auch sein mögen, können nie mehr sein als ein Fingerzeig zum Mond. So wie wir im Orient sagen: »Wenn der Weise auf den Mond zeigt, sieht der Tor nur den Finger.«

Jean Guitton, ein frommer und strenggläubiger französischer Schriftsteller, fügt dem noch einen erschreckenden Kommentar hinzu: »Wir gebrauchen unsere Finger oft, um Augen auszustechen.« Ist das nicht schrecklich? Bewusstwerden, Bewusstwerden und noch einmal Bewusstwerden! Darin ist Heilung, Wahrheit, Rettung; im Bewusstwerden ist Spiritualität; Wachstum, Liebe, im Bewusstwerden geschieht das Erwachen.

Ich muss zu Ihnen über Worte und Begriffe sprechen, denn ich muss Ihnen erklären, warum wir, wenn wir einen Baum betrachten, ihn noch lange nicht sehen. Wir *denken*, dass wir es tun, aber wir tun es nicht. Betrachten wir einen Menschen, sehen wir ihn in Wirklichkeit nicht, wir meinen nur, wir sehen ihn. Wir sehen nur das, was wir uns vorher eingeprägt haben. Wir haben einen Eindruck und bleiben bei diesem Eindruck; wir betrachten diesen Menschen mit diesem Eindruck. So machen wir es mit beinahe allem. Wenn Sie das verstehen, verstehen Sie auch, wie schön es ist, sich all dessen bewusst zu sein, was Sie umgibt. Denn dort ist die Wirklichkeit. »Gott«, was auch immer das ist, ist dort. Alles ist *dort*. Der kleine Fisch im Ozean sagt: »Entschuldigen Sie, ich suche den Ozean. Können Sie mir sagen, wo ich ihn finde?« Man kann Mitleid mit ihm haben, nicht wahr? Würden wir nur unsere Augen öffnen und sehen, würden wir auch verstehen.

Den Konkurrenzkampf aufgeben

Kehren wir zu diesem großartigen Satz aus dem Evangelium zurück. »Wer aber sein Leben... verliert, wird es gewinnen« (Mt 16,25). Er begegnet einem fast überall in der religiösen, spirituellen und mystischen Literatur.

Wie verliert man sich denn selbst? Haben Sie schon einmal *versucht*, etwas zu verlieren? Es ist doch so: je mehr man es versucht, desto schwieriger wird es. Gerade wenn man etwas nicht verlieren will, verliert man es um so leichter. Man verliert vor allem das, wessen man sich nicht bewusst ist. Gut, aber wie stirbt man sich selbst? Wir sprechen zwar jetzt von Sterben, aber nicht von Selbstmord. Wir sollen nicht das Selbst töten, sondern es heißt, wir sollen ihm sterben. Dem Selbst Schmerzen zuzufügen, es leiden zu lassen, würde genau das Gegenteil bewirken. Es wäre kontraproduktiv.

Man ist nie so sehr mit sich selbst beschäftigt, wie wenn man Schmerzen hat. Man konzentriert sich nie so sehr auf sich selbst, wie wenn man deprimiert ist. Man ist nie so sehr bereit, sich selbst zu vergessen, wie wenn man glücklich ist. Glück befreit vom Selbst. Leid, Schmerz, Verzweiflung und Niedergeschlagenheit fesseln an das Selbst. Denken Sie nur daran, wie bewusst Sie sich Ihres Zahnes sind, wenn er Ihnen weh tut. Haben Sie keine Schmerzen, nehmen Sie nicht einmal wahr, dass Sie diesen Zahn haben, oder einen Kopf, wenn Sie keine Kopfschmerzen haben, ganz anders freilich, wenn Sie von rasenden Kopfschmerzen geplagt werden.

Deshalb ist es ein ziemlicher Irrtum, ja falsch, zu meinen, dass man, um das Selbst zu verleugnen, sich selbst quälen und kasteien muss, wovon man früher überzeugt war. Das Selbst zu verleugnen, ihm zu sterben, heißt, seine wahre Natur zu verstehen. Wenn Sie das tun, wird es verschwinden, wird es sich verlieren.

Stellen Sie sich vor, jemand klopft eines Tages an meine Tür. Ich sage: »Treten Sie nur ein. Darf ich wissen, wer Sie sind?« Darauf erwidert er: »Ich bin Napoleon.« Ich sage verdutzt: »Nicht der Napoleon...« Doch gibt er zurück: »Ganz genau, Bonaparte, Kaiser von Frankreich.«

»Was Sie nicht sagen!«, antworte ich, und denke mir dabei, dass ich mich bei diesem Mann wohl besser in acht nehme. »Setzen Sie sich, Eure Majestät.« Er beginnt: »Ich habe gehört, dass Sie ein recht guter geistlicher Begleiter sind. Ich habe ein geistliches Problem. Ich bin besorgt. Es fällt mir schwer, auf Gott zu vertrauen. Sehen Sie, meine Armeen stehen in Rußland, und der Gedanke, wie wohl alles ausgehen wird, bereitet mir schlaflose Nächte.« Also sage ich ihm: »Eure Majestät, ich kann Ihnen dafür durchaus etwas verschreiben. Mein Vorschlag ist: Lesen Sie im Matthäusevangelium, Kapitel 6: »Lernt von den Lilien, die auf dem Feld wachsen: Sie arbeiten nicht und spinnen nicht.«

An dieser Stelle beginne ich mich zu fragen, wer hier eigentlich der Verrückte ist, er oder ich. Aber ich mache weiter mit diesem Spinner. Genau das tut auch der weise Guru am Anfang mit Ihnen. Er macht mit Ihnen weiter, er nimmt Ihre Sorgen ernst. Er wischt Ihnen die eine oder andere Träne von der Wange. Sie spinnen, Sie wissen es nur noch nicht. Und bald wird der Zeitpunkt gekommen sein, wo er Ihnen den Teppich unter den Füßen wegzieht und sagt: »Hören Sie auf, Sie sind nicht Napoleon.«

In einem der berühmten Dialoge der heiligen Katharina von Siena soll Gott zu ihr gesagt haben: »Ich bin der, der ist; Du bist die, die nicht ist.«

Haben Sie jemals Ihr Nicht-Sein erfahren? In der Spiritualität des Fernen Ostens gibt es ein Bild dafür: das Bild der Tänzerin und des Tanzes. Gott wird als die Tänzerin gesehen, und die Schöpfung ist Gottes Tanz. Was aber nicht so zu verstehen ist, dass Gott nun die große Tänzerin ist und Sie die kleine. Oh nein! Sie *werden* getanzt! Haben Sie das schon einmal erfahren?

Wenn also jener Mann zu Sinnen kommt und merkt, dass er nicht Napoleon ist, hört er ja nicht auf zu sein. Er fährt fort zu sein, aber er merkt plötzlich, dass er etwas anderes ist, als er dachte.

Das Selbst zu verlieren, heißt, mit einem Mal zu merken, dass Sie jemand anderes sind, als Sie dachten. Sie dachten, Sie wären die Sonne, nun merken Sie, dass Sie ein Mond sind. Sie glaubten, Sie wären die Tänzerin, nun erleben Sie sich selbst als den Tanz. Dies alles sind nur Analogien, Bilder, die nicht buchstäblich zu verstehen sind, doch können sie einen Hinweis geben, einen Fingerzeig. Nehmen Sie sie also nicht wörtlich.

Bleibender Wert

Befassen wir uns mit einem anderen Begriff: dem eigenen, persönlichen Wert. Was hat es mit ihm auf sich? Persönlicher Wert bedeutet nicht Selbstwert. Wodurch erhalten wir Selbstwert? Durch Erfolg im Beruf? Durch eine Menge Geld? Oder dadurch, dass Sie als Frau auf Männer anziehend wirken oder als Mann auf Frauen? Wie zerbrechlich sind solche Vorzüge, wie vergänglich.

Wenn wir von Selbstwert sprechen, meinen wir dann nicht in Wirklichkeit unser Erscheinungsbild in den Spiegeln in anderer Leute Köpfe? Haben wir das wirklich nötig? Persönlicher Wert, richtig verstanden, hört auf, sich mit diesen vergänglichen Dingen zu identifizieren oder sich in diesen Begriffen zu definieren. Ich bin nicht deswegen schön, weil alle sagen, dass ich schön bin. Eigentlich bin ich weder schön noch häßlich. So etwas kann sich schnell ändern. Wenn ich plötzlich furchtbar häßlich aussehen würde, wäre es doch weiterhin das »Ich«. Dann könnte ich mich einer Schönheitsoperation unterziehen und wäre auf einmal wieder schön. Wird das »Ich« wirklich schön?

Sie werden sich Zeit nehmen müssen, um über all das in Ruhe nachzudenken. Ich habe Ihnen nun eine Frage nach der anderen an den Kopf geworfen, aber wenn Sie geduldig in das Gesagte einzudringen versuchen, werden Sie eine Goldmine entdecken. So ging es auch mir, als ich zum ersten Mal auf diese Fragen stieß.

Schöne Erfahrungen machen das Leben zur Freude. Schmerzliche Erfahrungen führen zu Wachstum. Angenehme Erfahrungen machen das Leben zwar zur Freude, doch müssen sie nicht zwangsläufig zu Wachstum führen. Schmerzliche Erfahrungen jedoch können es. Schmerz und Leid verweisen auf einen Bereich in Ihnen, in dem Sie noch nicht gewachsen sind, in dem Sie noch wachsen und sich verändern müssen. Wenn Sie es verstehen würden, von Schmerz und Leid zu profitieren, wie sehr könnten Sie daran wachsen!

Beschränken wir uns zunächst auf psychisches Leid, auf all diese negativen Gefühle in uns. Verschwenden Sie Ihre Zeit nicht dadurch, dass Sie sich mit nur einem einzigen dieser Gefühle befassen. Wozu sie Ihnen dienen können, sagte ich bereits. Achten Sie einmal auf Ihre Enttäuschung, wenn etwas nicht so klappt, wie Sie es sich vorgestellt haben. Denken Sie darüber nach, was dies über Sie aussagt. Ich sage das, ohne irgendwie urteilen zu wollen (sonst hätten Sie auch noch mit Selbsthaß zu kämpfen). Beobachten Sie, als würden Sie einen anderen beobachten. Betrachten Sie Ihre Enttäuschung, Ihre Niedergeschlagenheit, wenn Sie kritisiert werden. Was sagt das aus über Sie?

Haben Sie schon von jenem Mann gehört, der sagte: »Wer will behaupten, dass Sorgen nicht helfen? Ganz bestimmt helfen sie. Immer wenn ich mir über etwas Sorgen mache, trifft es bestimmt nicht ein!« Ihm haben sie gewiß geholfen.

Oder wie ein anderer sagte: »Ein Neurotiker ist jemand, der sich über etwas Sorgen macht, das in der Vergangenheit nicht geschehen ist. Anders als wir normalen Menschen, die sich über etwas Sorgen machen, das in Zukunft nicht geschehen wird.« Das ist genau der Punkt. Was sagen Ihre Sorgen und Ihre Ängste über Sie aus?

Negative Gefühle, jedes einzelne negative Gefühl ist für unser Bewusstsein und Verstehen nützlich. Sie bieten Ihnen Gelegenheit, sie von außen zu betrachten. Die Niedergeschlagenheit wird anfangs zwar noch da sein, aber Sie werden sich von ihr gelöst haben. Nach und nach werden Sie die Niedergeschlagenheit verstehen. Indem Sie sie verstehen lernen, wird sie immer seltener auftreten und schließlich ganz verschwinden. Es wird Ihnen dann vielleicht sogar egal sein. Vor der Erleuchtung war ich immer niedergeschlagen. Nach der Erleuchtung bin ich es immer noch. Aber nach und nach, oder sehr schnell, wenn nicht gar mit einem Schlag erreichen Sie den Zustand der Wachsamkeit. Es ist das Stadium, in dem Sie sich von Ihren Wünschen und Sehnsüchten lösen. Aber bedenken Sie, was ich mit Wünschen und Sehnsüchten meine, nämlich: »Bis ich nicht habe, wonach ich mich sehne, weigere ich mich, glücklich zu sein.« Ich meine dabei all die Fälle, bei denen das Glück von der Erfüllung von Wünschen abhängt.

Vorlieben, nicht Wünsche

Unterdrücken Sie Ihre Wünsche nicht, sonst werden Sie leblos und antriebslos, und das wäre schrecklich. Wünsche sind im positiven Sinne des Wortes Energie, und je mehr Energie wir haben, desto besser. Bedenken Sie das. Streben Sie nicht so sehr nach Erfüllung Ihrer Wünsche, als vielmehr danach, sie zu verstehen. Verzichten Sie nicht auf die Ziele Ihrer Wünsche, sondern lernen Sie sie verstehen; sehen Sie sie in ihrem wahren Licht. Erkennen Sie sie als das, was sie wirklich wert sind. Denn versuchen Sie, Ihre Wünsche zu unterdrücken, und bemühen Sie sich, dem Ziel

Ihrer Wünsche zu entsagen, werden Sie sich wahrscheinlich um so weniger davon lösen können. Wenn Sie sie dagegen mit Abstand betrachten und als das sehen, was sie wirklich wert sind, wenn Sie einsehen, wie rasch sie Grund zu Traurigkeit, Enttäuschung und Niedergeschlagenheit geben, dann werden Ihre Wünsche sich in das wandeln, was ich Vorlieben nenne.

Wenn Sie mit Vorlieben durchs Leben gehen, aber Ihr Glück nicht von ihnen abhängig machen, sind Sie wach geworden. Sie sind auf dem Weg zur Wachsamkeit. Wachsamkeit, Glück – nennen Sie es, wie Sie wollen – ist der Zustand von Ent-Täuschung, Befreiung von Täuschung, indem Sie die Dinge so sehen, wie sie sind, und nicht wie Sie sind, soweit das uns Menschen überhaupt möglich ist. Sich von Illusionen befreien, die Dinge und die Wirklichkeit sehen. Immer, wenn Sie unglücklich sind, haben Sie der Wirklichkeit etwas hinzugefügt. Diese Hinzufügung macht Sie unglücklich. Um es noch einmal zu sagen: Sie haben etwas hinzugefügt, und das ist eine negative Reaktion in Ihnen. Die Wirklichkeit liefert den Anstoß, und Sie liefern die Reaktion. Mit Ihrer Reaktion fügten Sie etwas hinzu. Und wenn Sie prüfen, was Sie da hinzugefügt haben, werden Sie bald feststellen, dass es immer eine Illusion ist, ein Anspruch, eine Erwartung, eine Sehnsucht. Immer. Beispiele dafür gibt es mehr als genug. Und wenn Sie auf diesem Weg weitergehen, werden Sie sie selbst entdecken.

Da gibt es etwa die Illusion, den Irrtum, zu meinen, man brauche nur die äußere Umgebung zu ändern, um sich selbst zu ändern. Aber Sie verändern sich nicht, solange Sie nur Ihre Umgebung ändern. Wenn Sie einen neuen Arbeitsplatz, eine andere Frau, ein neues Haus, einen anderen Guru oder eine andere Spiritualität suchen, ändert Sie das noch lange nicht. Das wäre so, als bildeten Sie sich ein, Sie könnten sich mit einem neuen Füller eine andere Handschrift zulegen, oder Sie könnten Ihr Gedächtnis mit einem neuen Hut verbessern. Das ändert Sie wirklich nicht; wenn auch viele ihre ganze Kraft darauf verwenden, ihre Umwelt möglichst so zu verändern, dass sie ihrem Geschmack entspricht. Es mag ihnen auch manchmal gelingen – vielleicht für ein paar Minuten –, und sie können dann ein wenig verschnaufen, aber noch während sie verschnaufen, sind sie unruhig und angespannt, denn das Leben fließt weiter, das Leben verändert sich immer fort.

Wenn Sie leben wollen, dürfen Sie also keinen ständigen Aufenthalt haben. Sie dürfen keinen Ort haben, an dem Sie sich ausruhen können. Sie müssen mit dem Leben weiterfließen. Der große Konfuzius sagte: »Wer dauerhaftes Glück will, muss sich stets verändern.« Fließen Sie. Aber wir schauen immer wieder zurück, nicht wahr? Wir klammern uns an Vergangenheit und Gegenwart. »Wer seine Hand an den Pflug legt, darf nicht zurückschauen.« Möchten Sie eine Melodie oder eine Sinfonie hören, dann geben Sie sich doch nicht mit ein paar Takten zufrieden! Machen Sie doch nicht nach ein paar Noten Schluß! Lassen Sie sie weiterklingen und weiterfließen. Der volle Genuß einer Sinfonie liegt in Ihrer Bereitschaft, alle Töne erklingen und vorüberströmen zu lassen. Wenn Sie jedoch eine bestimmte Stelle ganz besonders schön finden würden und das Orchester bäten: »Bitte, spielt nur diese Stelle!«, dann wäre das keine Sinfonie mehr.

Kennen Sie die Sage von Nasrudin, dem alten Mullah, eine legendäre Gestalt, die die Griechen, Türken und Perser für sich beanspruchen. Er brachte seine geistlichen Lehren in die Form meist humorvoller Geschichten. Sie handeln immer von Nasrudin selbst.

Eines Tages zupfte Nasrudin auf einer Gitarre, spielte dabei aber immer denselben Ton. Nach einer Weile versammelte sich eine Menge Leute um ihn (das Ganze trug sich auf dem Marktplatz zu). Da fragte einer der Männer, die ihm zuhörten: »Du spielst ja einen schönen Ton, Mullah, aber warum nimmst du nicht ein paar andere dazu, wie die anderen Musiker?«

»Diese Narren«, antwortete Nasrudin, »sie suchen den richtigen Ton, ich habe ihn gefunden.«

Sich an Illusionen klammern

Wenn Sie sich anklammern, ist das Leben zerstört; wenn Sie an etwas festhalten, hören Sie auf zu leben. Diese Erfahrung durchzieht das ganze Evangelium. Verstehen müssen wir! Verstehen müssen wir auch eine weitere Illusion: dass Glück nicht dasselbe wie Spannung und Nervenkitzel ist. Es ist ebenso eine Illusion, dass Nervenkitzel daher rührt, dass Wünsche erfüllt werden. Wünsche erzeugen Angst, und früher oder später folgt der Überdruß. Wenn Sie genug gelitten haben, sind Sie bereit, dies einzusehen. Sie halten sich durch Nervenkitzel hoch. Es ist so, als wollte man ein Rennpferd mit Delikatessen füttern, mit Kuchen und Wein. Doch so wird ein Rennpferd nun einmal nicht gefüttert. Es ist, als gäbe man einem Menschen Drogen. Man kann auch seinen Magen nicht mit Tabletten füllen. Dazu ist selbstverständlich gutes, solides, nahrhaftes Essen und Trinken notwendig. Das alles müssen Sie für sich selbst herausfinden.

Eine weitere Illusion besteht darin, dass das jemand anderer für Sie herausfinden kann, dass irgendein Erlöser, Guru oder Lehrer es für Sie tun kann. Nicht einmal der größte Guru der Welt kann auch nur einen Schritt für Sie tun – den müssen Sie schon selbst tun. Der heilige Augustinus sagt in diesem Zusammenhang sehr einsichtig: »Jesus selbst konnte für viele, die ihn hörten, nichts tun.« Sie selbst sind es, die das Ihrige erledigen müssen. Niemand kann Ihnen helfen: Sie müssen Ihr Essen verdauen, Sie müssen verstehen. Das Verstehen kann Ihnen niemand abnehmen. Sie müssen selbst suchen. Diese Suche kann Ihnen niemand abnehmen. Wenn Sie nach der Wahrheit suchen, müssen Sie es ebenso selbst tun. Sie können sich dabei auf niemanden stützen.

Eine weitere Illusion ist die Meinung, wichtig sei, respektiert, geliebt und geschätzt zu werden, angesehen und bedeutend zu sein. Viele sind der Meinung, wir besäßen einen natürlichen Drang, geliebt und geschätzt zu werden, zu jemand zu gehören. Das ist falsch. Geben Sie diese Illusion auf, und Sie werden zum Glück finden. Wir haben einen natürlichen Drang, frei zu sein, zu lieben, aber nicht geliebt zu werden. Immer wieder stoße ich bei psychotherapeutischen Gesprächen auf ein weitverbreitetes Problem: »Niemand liebt mich; wie kann ich da glücklich sein?« Ich erkläre ihm oder ihr: »Soll das heißen, Sie hätten nie Momente, in denen Sie vergessen, dass Sie nicht geliebt werden, und einfach gelöst und glücklich sind?« Natürlich haben Sie solche Augenblicke.

Nehmen wir zum Beispiel eine Frau, die im Kino sitzt und sich ganz vertieft einen Film ansieht. Es ist eine Komödie – sie biegt sich vor Lachen –, und in diesem gesegneten Augenblick vergißt sie, sich selbst daran zu erinnern, dass niemand sie liebt, niemand sie liebt, niemand sie liebt. Sie ist glücklich! Auf dem Weg nach Hause trifft ihre Freundin, mit der sie im Kino war, ihren Freund und verabschiedet sich von ihr. Die Frau ist wieder allein und denkt: »Alle meine Freundinnen haben Freunde, und ich habe niemanden. Ich bin so unglücklich. *Niemand liebt mich!*«

In Indien kaufen sich neuerdings viele alte Leute Transistorradios, die dort ein ziemlicher Luxus sind. »Alle haben einen Transistor«, hört man immer wieder, »nur ich habe keinen. Ich bin so unglücklich.« Bis alle damit anfingen, sich Transistorradios zu kaufen, war jeder auch ohne solch ein Spielzeug glücklich.

Nicht anders ist es mit Ihnen. Bis Ihnen jemand erzählt hat, man könne nicht glücklich sein, ohne geliebt zu werden, waren Sie vollkommen glücklich. Sie können glücklich sein, ohne geliebt oder begehrt zu sein oder auf jemanden anziehend zu wirken. Glücklich werden Sie durch Kontakt zur Realität. Was das Glück bringt, ist der Kontakt zur Realität, in jedem einzelnen Augenblick. Dabei werden Sie Gott finden; dabei werden Sie das Glück finden. Aber die meisten sind nicht bereit, darauf zu hören.

Aus der Vielfalt der Illusionen auch diese: äußere Ereignisse hätten die Macht, Ihnen Schaden zuzufügen, andere Menschen besäßen die Macht, Sie zu verletzen. Diese Macht haben sie jedoch nicht, vielmehr sind Sie es, die ihnen Macht dazu verleihen.

Sodann die Illusion: Sie seien all die Etiketten, die andere Ihnen aufgeklebt oder die Sie sich selbst zugelegt haben. Auf keinen Fall *sind* Sie diese Etiketten, Sie müssen sich deshalb nicht daran klammern. An dem Tag, da mir jemand erzählt, ich sei ein Genie, und ich das ernst nehme, steht es schlimm um mich. Wissen Sie auch warum? Weil ich jetzt anfange, mich zu verkrampfen: ich muss diesem

Anspruch gerecht werden, darf das Erreichte nicht verlieren. Nach jedem Vortrag muss ich herausfinden: »Hat Ihnen mein Vortrag gefallen? Finden Sie immer noch, dass ich ein Genie bin?«

Merken Sie etwas? Was Sie also tun müssen, ist, die Etiketten von sich zu reißen: werfen Sie sie weit weg, und Sie sind frei! Identifizieren Sie sich nicht mit solchen Aufklebern! Sie zeigen doch nur, was andere von Ihnen denken, wie jemand Sie gerade erlebt hat. Sind Sie wirklich ein Genie? Sind Sie ein Spinner? Sind Sie ein Mystiker? Sind Sie überspannt? Was hat das schon zu sagen, vorausgesetzt, Sie bleiben wach und leben Ihr Leben von Augenblick zu Augenblick. Dazu steht im Evangelium der wunderbare Satz: »Seht euch die Vögel des Himmels an: Sie säen nicht, sie ernten nicht und sammeln keine Vorräte in Scheunen... Lernt von den Lilien, die auf dem Feld wachsen... sie arbeiten nicht und spinnen nicht« (Mt 6,26–28). Das ist wirklich mystische Rede – eines erwachten Menschen.

Warum haben Sie also Angst? Können Sie mit all Ihren Ängsten Ihr Leben auch nur um den kürzesten Augenblick verlängern? Warum sich wegen des Morgen beunruhigen? Gibt es ein Leben nach dem Tod? Werde ich nach dem Tod weiterleben? Warum sich mit dem Morgen plagen? *Kommen Sie ins Heute.* Jemand sagte einmal: »Das Leben ist etwas, das uns widerfährt, während wir damit beschäftigt sind, andere Pläne zu schmieden.« Das ist tragisch. Leben Sie den gegenwärtigen Augenblick. Es ist eine der Ansichten, zu der Sie gelangen werden, wenn Sie wach geworden sind. Sie werden erkennen, dass Sie in der Gegenwart leben und jeden Augenblick zu schätzen wissen. Ein anderes gutes Zeichen ist, wenn Sie die Sinfonie Ton für Ton hören, ohne sie an einer Stelle anhalten zu wollen.

Die lieben Erinnerungen

Das führt mich zu einem anderen Thema. Es hängt sehr eng damit zusammen, was ich gesagt und vorgeschlagen habe, nämlich sich aller Dinge bewusst zu werden, die wir der Realität hinzufügen. Tun wir das Schritt für Schritt.

Ein Jesuitenpater erzählte mir, wie er vor Jahren in New York einen Vortrag gehalten hat, zu einer Zeit, in der Puerto-Ricaner wegen bestimmter Vorkommnisse sehr unbeliebt waren. Jeder wusste irgend etwas gegen sie vorzutragen. Deshalb sagte er in seinem Vortrag: »Lassen Sie mich einige Aussprüche vorlesen, die Leute in New York über bestimmte Einwanderer getan haben.« Was er dann vorlas, war nichts anderes als das, was man auch bei den Iren, den Deutschen und allen anderen Einwandererwellen gesagt hatte, die vor Jahren in New York ankamen.

Ganz richtig sagte er: »Diese Menschen bringen die Kriminalität nicht mit; sie werden kriminell, sobald sie hier mit bestimmten Situationen konfrontiert werden. Wir müssen sie verstehen. Wenn Sie etwas dagegen unternehmen wollen, nützt es gar nichts, aus Vorurteilen heraus zu reagieren. Sie brauchen Verständnis, nicht Verurteilung.«

Das ist auch der Weg, auf dem Sie Veränderung bei sich selbst erreichen. Nicht durch Verurteilen, nicht dadurch, dass Sie sich selbst beschimpfen, sondern dadurch, dass Sie verstehen, was los ist. Nicht dadurch, dass Sie sich einen elenden alten Sünder nennen. Dadurch ganz bestimmt nicht.

Um Erkenntnis zu erlangen, müssen Sie sehen. Doch Sie können nicht sehen, wenn Sie mit Vorurteilen belastet sind. Fast alles und alle betrachten wir mit Vorurteilen. Das genügt beinahe, um jedem den Mut zu nehmen.

Ich traf einen lange verloren geglaubten Freund wieder. »Hallo, Tom«, rufe ich, »schön, dich zu sehen,« und umarme ihn fest. Doch wen umarme ich da? Tom oder meine Erinnerung an ihn? Einen lebendigen Menschen oder einen Toten? Ich setze einfach voraus, dass er immer noch der liebenswerte Bursche ist, der er war. Ich setze einfach voraus, dass er mit meinem Bild übereinstimmt, das ich von ihm habe, und mit meinen Erinnerungen und Assoziationen. Deswegen umarme ich ihn. Fünf Minuten später stelle ich fest, dass er sich verändert hat, und ich verliere das Interesse an ihm. Ich habe den Falschen umarmt.

Wenn Sie sehen wollen, wie wahr das ist, hören Sie zu: Eine Ordensschwester aus Indien geht für kurze Zeit in Exerzitien. Alle Mitschwestern der Gemeinschaft sagen: »Ja, das kennen wir: das gehört zu ihrem Charisma; sie besucht immer Arbeitskreise und macht Exerzitien; nichts wird sie jemals ändern.« Zufällig passiert es aber, dass sich die Schwester bei diesem bestimmten Arbeitskreis oder dieser Tagung, was immer es auch sei, ändert. Sie ändert sich wirklich, und alle merken den Unterschied. Alle sagen: »Ja, du hast wirklich Einsichten gewonnen, nicht wahr?« Das hat sie auch, was an ihrem Verhalten und ihrer Ausstrahlung zu erkennen ist. Das ist immer so, wenn eine innere Veränderung stattfand. Sie zeigt sich in Ihrem Gesichtsausdruck, in Ihren Augen, an Ihrer Erscheinung.

Die Schwester kehrt also in ihre Gemeinschaft zurück, und da die Gemeinschaft eine feste, von Vorurteilen belastete Meinung von ihr hat, wird sie immer noch mit ihren Vorurteilen angesehen. Ihre Mitschwestern sind die einzigen, die keine Veränderung an ihr bemerken. Sie sagen nur: »Ja, sie wirkt ein bißchen schwungvoller, aber wartet nur, bald wird sie wieder frustriert sein.« Und nach einigen Wochen ist sie tatsächlich so weit; sie reagiert auf deren Reaktion. Und alle sagen: »Siehst du, was haben wir gesagt, sie hat sich nicht verändert!« Aber das Tragische daran ist, dass sie sich doch verändert hatte und es von den Mitschwestern nur nicht bemerkt worden war. Verhinderte Wahrnehmung kann in der Liebe und in menschlichen Beziehungen verheerende Folgen haben.

Was immer eine Beziehung auch sein mag, sie erfordert mit Sicherheit zweierlei: eine klare Wahrnehmung (soweit wir dazu fähig sind; manche streiten sich darüber, bis zu welchem Grad wir eine klare Wahrnehmung erreichen können; aber ich glaube, niemand wird bestreiten, dass es wünschenswert ist, sie anzustreben) und eine klare Erwiderung. Man kann auf die Dinge um so genauer eingehen, je klarer man sie wahrnimmt. Wenn Ihre Wahrnehmung getrübt ist, ist es nicht sehr wahrscheinlich, dass Sie treffend darauf eingehen. Wie können Sie jemanden lieben, den Sie gar nicht sehen? Sehen Sie wirklich die Menschen, die Sie mögen? Sehen Sie wirklich die Menschen, vor denen Sie Angst haben und die Sie deswegen nicht mögen? Wir hassen, was wir fürchten.

»Die Furcht vor dem Herrn ist der Beginn der Weisheit«, sagen mir manche. Doch warten Sie ein wenig. Ich hoffe, sie verstehen, was sie gesagt haben, denn wir hassen immer, was wir fürchten. Was wir fürchten, möchten wir immer zunichte machen, möchten es loswerden, es meiden. Wenn Sie jemanden fürchten, mögen Sie den- oder diejenige nicht. Sie mögen diese Person insofern nicht, als Sie sie fürchten. Auch *sehen* Sie diese Person nicht, denn Ihre Gefühle stehen Ihnen im Weg. Das gilt auch dann, wenn Sie sich zu jemand hingezogen fühlen. Wenn wirklich Liebe da ist, geht es nicht mehr um Sympathie oder Antipathie im gewöhnlichen Sinne. Sie sehen sie klar und gehen auf alles genau ein. Aber auf dieser menschlichen Ebene kommen Ihnen Ihre Sympathien und Antipathien, Ihre Vorlieben und Ihr Hingezogensein immer wieder in die Quere. Deshalb müssen Sie sich dieser Vorgaben immer bewusst sein. Sie sind alle vorhanden und rühren von Ihrem Vorgeformt-Sein. Wie kommt es, dass Sie Dinge mögen, die ich nicht mag? Weil Sie in einer anderen Kultur leben, weil Sie anders erzogen wurden als ich. Ich könnte Ihnen manches zu essen anbieten, was ich mag, wovon Sie sich aber schnell abwenden würden.

In manchen Teilen Indiens gibt es Leute, die Hundefleisch mögen. Anderen würde es schon bei dem Gedanken daran schlecht werden. Wieso? Es ist die Folge einer unterschiedlichen Einstellung durch verschiedene Programmierung. Einem Hindu würde es schlecht werden, wenn er hören würde, dass er Rindfleisch gegessen hat, Amerikaner hingegen essen es mit Vorliebe.

Sie fragen: »Aber warum mögen Inder kein Rindfleisch?« Aus demselben Grund, aus dem Sie nicht Ihren Schoßhund essen wollen. Aus eben diesem Grund. Die Kuh ist für den indischen Bauern, was Ihr Schoßhund für Sie ist. Er möchte sie nicht essen. Es ist ein kulturelles Vorurteil, das ein Tier schützt, das dringend in der Landwirtschaft oder anderswo gebraucht wird.

Warum verliebe ich mich eigentlich? Wieso verliebe ich mich in bestimmte Menschen und in andere nicht? Weil ich beeinflußt wurde. Unbewusst habe ich mir ein Bild geschaffen, wodurch dieser bestimmte Menschentyp auf mich anziehend wirkt. Begegne ich also diesem Menschen, verliebe ich mich Hals über Kopf in ihn. Habe ich aber ihn oder sie wirklich gesehen? Nein, das werde ich erst nach der Hochzeit; denn dann kommt das Erwachen! Dann könnte die Liebe beginnen. Aber Sich-Verlieben hat mit Liebe nichts zu tun. Es ist keine Liebe, sondern Verlangen, brennendes Verlangen. Sie sehnen sich von ganzem Herzen danach, von diesem anbetungswürdigen Geschöpf gesagt zu bekommen, dass Sie auf es anziehend wirken. Das gibt Ihnen ein tolles Gefühl. Währenddessen sagt jeder: »Was, um Himmels willen, findet er nur an ihr?« Das ist seine Voreingenommenheit – er *sieht* nicht.

Man sagt: Liebe macht blind. Sie können mir glauben, es gibt nichts Scharfsichtigeres als wahre Liebe, nichts. Sie ist das Scharfsichtigste der Welt. Sucht macht blind, an etwas zu hängen macht blind. Anhänglichkeiten, Sehnsüchte und Wünsche machen blind, aber nicht wahre Liebe. Nennen Sie das nicht Liebe. Natürlich wird dieses Wort in den meisten modernen Sprachen mißbraucht. Man spricht von körperlicher Liebe und Sich-Verlieben. Wie der kleine Junge, der das kleine Mädchen fragt: »Hast du dich schon mal verliebt?« Und sie antwortet: »Nein, aber ich habe mich schon mal verfreundet.«

Von was reden die Leute also, wenn sie sich verlieben? Das erste, was wir brauchen, ist eine ungetrübte Wahrnehmung. Einen Grund, weshalb wir Menschen nicht klar wahrnehmen, haben wir gesehen – unsere Gefühle stehen uns im Weg, unsere Vorurteile. Damit müssen wir uns herumschlagen, doch auch mit etwas viel Grundlegenderem: mit unseren Vorstellungen, unseren Schlußfolgerungen, unseren Begriffen.

Sie können es glauben oder nicht: jeder Begriff, der uns der Realität näher bringen sollte, endet als Hindernis auf dem Weg zur Realität, denn früher oder später vergessen wir, dass Worte nicht die Sache an sich sind. Der Begriff ist nicht dasselbe wie die Wirklichkeit; zwischen beiden besteht ein großer Unterschied. Deshalb habe ich vorhin schon gesagt, dass das letzte Hindernis, Gott zu finden, das Wort »Gott« selbst und der Gottesbegriff ist. Er ist Ihnen im Weg, wenn Sie nicht aufpassen; er war eigentlich als eine Hilfe gedacht; er kann schon eine Hilfe sein, aber auch ein Hindernis.

Konkret werden

Immer wenn ich einen Begriff verwende, kann ich ihn auf eine ganze Reihe von Individuen anwenden. Ich denke dabei nicht an Eigennamen wie Maria oder Hans, die ja keine begriffliche Bedeutung haben. Ein Begriff passt auf eine beliebige Menge von Individuen, zahllose Individuen. Begriffe sind universell. Das Wort »Blatt« zum Beispiel kann man für jedes einzelne Blatt eines Baumes verwenden; dasselbe Wort steht also für alle seine individuellen Blätter. Überdies steht dasselbe Wort für alle Blätter an allen Bäumen, große, kleine, zarte, trockene, gelbe, grüne oder Bananenblätter. Wenn ich Ihnen also erzähle, dass ich heute morgen ein Blatt gesehen habe, haben Sie eigentlich keine Ahnung, was ich gesehen habe.

Ich will es Ihnen deutlich machen: Bestimmt haben Sie eine Ahnung, was ich nicht gesehen habe: ich habe zum Beispiel kein Tier, keinen Hund gesehen. Auch habe ich keinen Menschen, keinen Schuh gesehen. Somit haben Sie eine leise Ahnung davon, was ich gesehen habe, wenn es auch nicht spezifiziert und nicht konkret ist. Die Bezeichnung »Mensch« meint keinen Urmenschen, keinen zivilisierten Menschen, keinen Erwachsenen, kein Kind, keine Frau und keinen Mann, kein bestimmtes Alter, keine bestimmte Kultur, sondern einen Begriff. Der Mensch, den Sie antreffen. Sie werden kein menschliches Wesen finden, das so universell ist wie Ihr Begriff. So weist also Ihr Begriff in eine bestimmte Richtung, ist aber nie völlig exakt; er trifft nie das Einzigartige, das Konkrete. Der Begriff ist allgemein.

Wenn ich Ihnen einen Begriff nenne, gebe ich Ihnen *etwas*, wenn es auch wenig ist. Für wissenschaftliches Denken sind Begriffe jedoch wichtig und nützlich. Würde ich zum Beispiel sagen, dass Sie alle hier Lebewesen sind, wäre das aus wissenschaftlicher Sicht völlig korrekt. Aber wir sind mehr als Lebewesen. Wenn ich sage, dass Maria ein Lebewesen ist, ist das richtig; da ich aber etwas Wesentliches verschwiegen habe, ist es ebenso falsch; es wird ihr nicht gerecht. Wenn ich einen Menschen als Frau bezeichne, kann das wohl stimmen, wenngleich es noch so viele Dinge an ihr geben mag, die der Begriff »Frau« nicht einschließt. Sie ist immer diese eine, besondere, konkrete, einzigartige Frau, die nur erlebt und nicht in einen Begriff gefußt werden kann. Die konkrete Person muss ich selbst sehen, selbst erleben, intuitiv erfassen. Das Individuum kann nur intuitiv und nicht begrifflich erfaßt werden.

Ein Mensch ist mehr als nur rationales Denken. Viele von Ihnen sind vielleicht stolz darauf, Amerikaner genannt zu werden, wie ebenso viele Inder wohl stolz darauf sind, Inder genannt zu werden. Aber was ist ein »Amerikaner«, was ist ein »Inder«? Eine Konvention und kein Teil Ihres Wesens. Alles was Sie haben, ist ein Etikett. Die Person selbst kennen Sie nicht. Ein Begriff übergeht oder lässt immer etwas äußerst Wichtiges aus, etwas Wertvolles, was sich nur in der Wirklichkeit findet, welche konkrete Einzigartigkeit ist.

Der große Krishnamurti drückte das schön und treffend aus: »An dem Tag, da du deinem Kind den Namen des Vogels lehrst, wird es den Vogel nicht mehr sehen.« Wie wahr! Wenn Ihr Kind dieses flaumige, lebendige, munter umherhüpfende Etwas zum ersten Mal sieht, und Sie zu ihm sagen: »Spatz«, dann wird es, sobald es ein anderes flaumiges, umherhüpfendes, ähnliches Etwas sieht, sagen: »Och, Spatzen, Spatzen kenne ich schon. Die sind ja so *langweilig*.«

Wenn Sie die Dinge nicht durch das Gitter Ihrer Begriffe betrachten, werden sie Sie nie langweilen; jedes einzelne ist einzigartig. Jeder Spatz ist anders als der andere – trotz aller Ähnlichkeiten. Ähnlichkeiten sind zwar eine große Hilfe, damit wir abstrahieren und überhaupt Begriffe bilden können, sie dienen der Kommunikation, der Bezeichnung, der Wissenschaft. Aber sie führen auch in die Irre, hindern uns daran, *dieses* konkrete Individuum zu sehen. Wenn Sie nur Begriffe erfahren, erfahren Sie nicht die Wirklichkeit, denn die Wirklichkeit ist konkret. Begriffe sind eine Hilfe, Sie an die Wirklichkeit zu *führen*, wenn Sie aber an sie herangekommen sind, müssen Sie sie unmittelbar erfahren und intuitiv erfassen.

Ein zweites Merkmal von Begriffen liegt darin, dass sie statisch sind, während die Wirklichkeit dynamisch ist. Wir bezeichnen die Niagara-Fälle immer gleich, dabei ist ihr Wasser in jedem Augenblick ein anderes. Wir haben das Wort »Fluß«, aber das Wasser in ihm fließt ständig weiter. Wir haben ein festes Wort für unseren »Körper«, aber die Zellen, aus denen er besteht, erneuern sich ständig.

Angenommen, draußen wehte ein heftiger Wind, und ich möchte meinen Landsleuten in Indien eine Vorstellung davon geben, wie ein amerikanischer Sturm oder Hurrikan aussehen kann. Deshalb fange ich ihn in eine Zigarrenkiste ein, nehme sie mit in meine Heimat und sage: »Seht mal her!« – Natürlich ist das kein Sturm mehr, sobald er einmal *eingefangen* wurde. Oder wenn ich Ihnen einen Eindruck davon verschaffen möchte, wie ein Fluß fließt, und ich Ihnen einen Eimer Wasser daraus bringe. In dem Moment, in dem es mit dem Eimer schöpfe, fließt es nicht mehr. In dem Moment, in dem wir Dinge in Begriffe fassen, hören sie auf zu fließen; sie werden unbeweglich, statisch und tot. Eine gefrorene Welle ist keine Welle mehr. Eine Welle besteht aus Bewegung und Dynamik; gefriert sie, ist sie keine Welle mehr. Begriffe sind immer starr und gefroren. Die Wirklichkeit ist dynamisch.

Wenn wir schließlich den Mystikern glauben (und es bedarf keiner großen Mühe, es zu verstehen oder sogar zu glauben, wenn es auch kaum jemand so schnell auffällt), dann ist die Wirklichkeit das *Ganze*, während Worte und Begriffe nur *Bruchteile* von ihr sind. Deswegen ist es auch so schwierig, etwas von einer Sprache in die andere zu übersetzen, denn jede Sprache beleuchtet die Wirklichkeit von einer anderen Seite. So lässt sich zum Beispiel das englische Wort »home« nicht ins Französische oder Spanische übersetzen. »Casa« trifft »home« nicht genau; mit »home« verbinden sich Assoziationen, die nur der englischen Sprache eigen sind. So hat jede Sprache unübersetzbare Wörter und Ausdrücke, denn wir packen die Wirklichkeit in kleine Wortpäckchen und fügen etwas hinzu oder ziehen etwas ab, wobei sich der Gebrauch dieser Wörter dauernd ändert. Die Wirklichkeit ist ein *Ganzes*, während wir sie auf Begriffe reduzieren und Wörter benutzen, um verschiedene Teile von ihr zu bezeichnen. Wenn Sie zum Beispiel noch nie in Ihrem Leben ein Tier gesehen hätten und würden eines Tages einen Schwanz finden – nur einen Schwanz –, und jemand sagte zu Ihnen: »Das ist ein Schwanz«, könnten Sie sich dann etwas darunter vorstellen?

Ideen sind eigentlich Bruchteile des Anblicks, des Erfühlens oder des Erfahrens der Wirklichkeit als eines Ganzen. Nichts anderes sagen uns die Mystiker. Worte können uns die Wirklichkeit nicht vermitteln, sie geben nur Hinweise, Fingerzeige. Wir benutzen sie als Wegweiser zur Wirklichkeit. Sobald wir bei ihr angelangt sind, sind Begriffe nutzlos.

Ein Hindupriester diskutierte einmal mit einem Philosophen, der behauptete, dass das letzte Hindernis zu Gott das Wort »Gott«, sei, der Begriff von Gott. Der Priester war darüber schockiert, aber der Philosoph sagte: »Der Esel, auf dem du sitzt, und mit dem du zu einem Haus gelangst, ist nicht das Mittel, um in das Haus hineinzukommen. Du gebrauchst den Begriff, um dorthin zu gelangen; dann steigst du ab und lässt ihn zurück.« Sie müssen kein Mystiker sein, um zu verstehen, dass die Wirklichkeit nicht mit Worten und Begriffen einzufangen ist. Um die Wirklichkeit zu kennen, müssen Sie *wissen, über das Wissen hinaus.*

Wem das Buch »Die Wolke des Nichtwissens« vertraut ist, der wird diesen Ausdruck sicherlich wiedererkennen. Die Werke von Dichtern, Malern, Mystikern und den großen Philosophen rühren alle an die Wahrheit dieses Wortes. Nehmen wir einmal an, ich betrachte eines Tages einen Baum. Wenn ich bisher einen Baum sah, habe ich immer gedacht: »Okay, das ist eben ein Baum.« Schaue ich aber heute einen Baum an, sehe ich gar keinen Baum; zumindest sehe ich nicht das, was ich zu sehen gewohnt bin. Ich sehe etwas mit dem unverbrauchten Wahrnehmungsvermögen eines Kindes. Ich habe kein Wort dafür. Ich sehe etwas Einzigartiges, Ganzes, Fließendes, nichts Bruchstückhaftes und stehe ganz ehrfürchtig davor. Würden Sie mich fragen: »Was hast du gesehen?« Was meinen Sie, würde ich antworten? Ich habe kein Wort dafür. Für die Wirklichkeit gibt es keine Worte. Denn sobald ich ein Wort verwende, sind wir wieder bei den Begriffen.

Aber wenn ich schon die Wirklichkeit, die meine Sinne wahrnehmen können, nicht ausdrücken kann, wie lässt sich dann etwas in Worte fassen, was mit den Augen nicht zu sehen und mit den Ohren nicht zu hören ist? Wie lässt sich ein Wort für die Wirklichkeit Gottes finden? Beginnen Sie nun zu verstehen, was Thomas von Aquin, Augustinus und viele andere Theologen gesagt haben, und was die Kirche ständig lehrt, nämlich, dass Gott ein für den Menschen unbegreifliches Geheimnis ist?

Einer der bedeutendsten Theologen unserer Zeit, der Jesuitenpater Karl Rahner, schrieb kurz vor seinem Tod einen Brief an einen jungen Studenten, der drogensüchtig war und ihn um Hilfe gebeten hatte. Dieser hatte geschrieben: »Ihr Theologen redet immer von Gott, aber wie kann dieser Gott in meinem Leben Bedeutung haben? Wie kann dieser Gott mich von meiner Sucht befreien?« P. Rahner antwortete ihm: »Ich muss Dir in aller Ehrlichkeit gestehen, dass Gott für mich das Geheimnis schlechthin ist und immer war. Ich verstehe nicht, was Gott ist, niemand kann das. Wir haben Ahnungen und Andeutungen, wir machen stümperhafte und unzulängliche Versuche, das Geheimnis in Worte zu fassen. Aber es gibt kein Wort und keinen Ausdruck dafür.« In einem Vortrag vor einer Gruppe Theologen in London sagte Karl Rahner: »Die Aufgabe des Theologen besteht darin, alles durch Gott zu erklären und Gott als den Unerklärbaren zu erklären.« Unerklärbares Geheimnis. Man weiß es nicht, man kann es nicht sagen. Man stammelt nur: »Ah, ah,...«

Worte sind Hinweise und keine Beschreibungen. Tragischerweise verfallen manche dem Götzendienst, weil sie in bezug auf Gott meinen, das Wort sei die Sache selbst. Gibt es einen größeren Unsinn? Sogar im Hinblick auf Menschen, Bäume oder Tiere ist das Wort nicht die Sache selbst. Um wieviel weniger dann bei Gott?

Was meinen Sie eigentlich?

Ein international angesehener Bibeltheologe besuchte einen Kurs von mir in San Francisco und sagte: »Mein Gott, nachdem ich Sie gehört habe, sehe ich ein, dass ich mein ganzes Leben lang einen Götzen angebetet habe!« Er sagte das ganz offen. »Ich wäre nie auf die Idee gekommen, dass ich einen Götzen verehre. Mein Götze war nicht aus Holz oder Metall, sondern es war ein geistiger Götze.« Das sind die gefährlicheren Götzendiener. Sie besitzen eine sehr raffinierte Substanz, den Verstand, aus dem sie ihren Gott schaffen.

Wozu ich Sie hier bringen möchte, ist dies: dass Sie sich der Wirklichkeit, die Sie umgibt, bewusst werden. Sich bewusstwerden heißt beobachten, betrachten, was in Ihnen und um Sie herum vorgeht. »Vorgeht« ist ziemlich exakt: Bäume, Gras, Blumen, Tiere, Fels, alles, was wirklich ist, bewegt sich. Man beobachtet es, man betrachtet es. Es ist für die Menschen wichtig, dass sie sich nicht nur selbst, sondern die ganze Wirklichkeit beobachten.

Sind Sie in Ihren Begriffen gefangen, möchten Sie aus Ihrem Gefängnis ausbrechen? Dann schauen Sie, beobachten Sie – stundenlang. Was sollen Sie beobachten? Alles. Die Gesichter der Menschen, die Form der Bäume, einen Vogel im Flug, einen Haufen Steine oder das Gras. Kommen Sie in Kontakt mit den Dingen, schauen Sie sie an. Dann werden Sie hoffentlich aus diesen starren Mustern, aus alldem, was unser Denken und unsere Worte uns aufgezwungen haben, ausbrechen. Hoffentlich werden wir dann sehen. Doch was werden wir sehen? Dieses eine, was wir Wirklichkeit nennen – was auch immer hinter Worten und Begriffen stecken mag. Dies ist eine geistliche Übung – verbunden mit dem Ausbrechen aus Ihrem Käfig, der aus Worten und Begriffen gebaut ist.

Es ist traurig, wenn wir durchs Leben gehen und es niemals mit den Augen eines Kindes sehen. Das heißt nicht, dass Sie jetzt auf alle Ihre Begriffe verzichten sollten; sie haben durchaus ihren Wert. Obwohl wir ohne sie beginnen, haben Begriffe doch eine sehr positive Funktion. Dank ihrer entwickeln wir unsere Intelligenz. Wir sind eingeladen, nicht Kinder zu werden, sondern *wie* die Kinder zu werden. Wir müssen aus einem Stand der Unschuld fallen und aus dem Paradies vertrieben werden; wir müssen ein »Ich« und ein »Mich« mit diesen Begriffen entwickeln. Danach aber müssen wir ins Paradies zurückkehren, müssen noch einmal erlöst werden. Wir müssen den alten Menschen in uns ablegen, unser altes Wesen, das beeinflußte Selbst, und in den Stand des Kindes zurückkehren, ohne ein Kind zu *sein*. Zu Beginn unseres Lebens betrachten wir die Wirklichkeit als Wunder, aber nicht mit dem intelligenten Staunen der Mystiker, sondern mit dem gestaltlosen Staunen des Kindes. Danach vergeht das Wunder und macht der Langeweile Platz, weil wir die Sprache entwickeln mit ihren Wörtern und Begriffen. Danach, hoffentlich, können wir, wenn wir Glück haben, wieder zum Wunder zurückkehren.

Nach Worten suchen

Von Dag Hammaskjöld, dem 1961 ums Leben gekommenen Generalsekretär der Vereinten Nationen und Friedensnobelpreisträger, stammt der Satz: »Gott stirbt nicht an dem Tag, an dem wir nicht mehr an eine personale Gottheit glauben. Vielmehr sterben *wir* an dem Tag, an dem unser Leben nicht mehr vom beständigen Glanz der täglich erneuerten Wunder erhellt wird, deren Quelle jenseits aller Vernunft liegt.« Wir brauchen uns nicht um ein Wort zu streiten, nicht um den Begriff »Gott«. Über die Realität lässt sich nicht streiten; streiten lässt sich um Ansichten, Begriffe, Urteile. Trennen Sie sich von Ihren Begriffen, Ihren Meinungen, Vorurteilen und Urteilen, und Sie werden das verstehen.

»Quia de deo scire non possumus quid sit, sed quid non sit, non possumus considerare de deo, quomodo sit sed quomodo non sit.« Dieser Satz aus der berühmten »Summa theologica« des heiligen Thomas von Aquin ist wie eine Einführung in sein ganzes, großangelegtes Werk: »Bei Gott können wir freilich nicht wissen, was er ist, sondern höchstens, was er nicht ist. Deshalb können wir auch bei Gott nicht untersuchen, wie er ist, sondern nur, wie er nicht ist.« Und in seinem Kommentar zu dem Werk von Boethius »Über die Heiligste Dreifaltigkeit«, von dem ich schon einmal sprach, sagt Thomas von Aquin, dass der höchste Grad der Erkenntnis Gottes darin besteht, ihn als den Unbekannten zu erkennen. In seiner »Quaestio disputata« »Über die Allmacht Gottes« schreibt der heilige Thomas: »Das letzte Wissen des Menschen von Gott ist, zu begreifen, dass Gott der Unbegreifliche ist.« Das alles sind Aussagen eines großen und einflußreichen Theologen und Kirchenlehrers, eines Mystikers und Heiligen. Wir stehen also auf ziemlich festem Boden.

In Indien gibt es dafür einen Spruch in Sanskrit: »neti« Das bedeutet: »Nicht das, nicht das!« Diese Lehre des Thomas wird die »Via negativa«, der »negative Weg« genannt. Der englische Dichter C. S. Lewis schrieb in der Zeit der Todeskrankheit seiner Frau, die er zutiefst liebte, ein Tagebuch, das den Titel hat: »Über die menschliche Trauer« (»A Grief Observed«). Er sagte seinen Freunden: »Gott gab mir mit sechzig, was er mir mit zwanzig versagte.« Bald nach der Heirat erkrankte seine Frau an Krebs und starb einen qualvollen Tod. Lewis berichtet, dass sein ganzer Glaube wie ein Kartenhaus zusammenstürzte. So sehr er sich auch als Verteidiger des christlichen Glaubens empfunden hatte, fragte er sich doch, als ihn dieser Schlag selbst traf: »Ist Gott ein liebender Vater, oder ist Gott der große Peiniger?« Für beides lassen sich Belege finden. Ich erinnere mich, wie mich meine Schwester fragte, als meine Mutter an Krebs erkrankte: »Toni, warum lässt Gott unsere Mutter leiden?« Ich antwortete ihr: »Meine Liebe, letztes Jahr mussten in China wegen einer Dürrekatastrophe eine Million Menschen verhungern, ohne dass du so eine Frage gestellt hättest.«

Manchmal kann es für uns gut sein, durch einen Schicksalsschlag in die Wirklichkeit wachgerüttelt zu werden und dadurch zum Glauben zu finden, wie C. S. Lewis. Er sagt, dass er zuvor nicht den leisesten Zweifel an ein Leben nach dem Tod hatte, doch nach dem Tod seiner Frau sich darin gar nicht mehr so sicher war. Warum? Weil es für ihn so wichtig war, dass sie lebte. Lewis ist ein Meister der Vergleiche und Analogien, er schreibt: »Es ist wie bei einem

Seil. Jemand fragt dich: ›Wird dieses Seil einhundertzwanzig Pfund aushalten?‹ Worauf du Ja sagst. ›Gut,‹ sagt derjenige, ›dann lassen wir jetzt deinen besten Freund an diesem Seil herunter.‹ Und du sagst sofort: ›Einen Augenblick, laßt mich das Seil noch einmal testen. Plötzlich bist du dir nicht mehr sicher.‹«

Lewis sagt in seinem Buch auch, dass wir nichts von Gott wissen können und sogar unser Fragen nach Gott absurd ist. Warum? Weil es so wäre, als würde ein von Geburt an Blinder Sie fragen: »Ist die Farbe grün eigentlich heiß oder kalt?« »Neti, neti« – nicht das, nicht das. »Ist sie kurz oder lang? Nicht das! »Ist sie süß oder sauer?« Nicht das.

»Ist sie rund, oval oder eckig?« Nicht das, nicht das. Der Blindgeborene hat keine Worte, keine Begriffe für eine Farbe, von der er keine Vorstellung hat, keine Intuition, keine Erfahrung. Man kann mit ihm darüber nur in Analogien sprechen. Egal, was er Sie fragt, Sie können nur antworten: »Nicht das, nicht das!« C. S. Lewis schreibt, es sei etwa so, als fragte man, wieviele Minuten in der Farbe gelb sind. Wir alle könnten diese Frage sehr ernst nehmen, darüber diskutieren und streiten. Der eine schätzt, dass fünfundzwanzig Karotten in der Farbe gelb sind, während die andere sagt: »Nein, siebzehn Kartoffeln«, und sofort ist der Streit da. Nicht das, nicht das!

Unsere letzte Erkenntnis von Gott ist, zu wissen, dass wir nichts wissen. Und das Tragische ist, dass wir zuviel wissen. Doch wir *meinen* nur, dass wir wissen. Deshalb werden wir niemals etwas entdecken. Tatsächlich hat Thomas von Aquin (der nicht nur ein großer Theologe, sondern auch ein großer Philosoph war) wiederholt gesagt: »Alle Anstrengungen des menschlichen Verstandes können nicht das Wesen einer einzigen Fliege erschöpfend ergründen.«

Geprägt durch Bildung und Kultur

Noch etwas mehr über Worte. Ich sagte vorhin schon, dass Worte begrenzt sind. Da ist noch etwas hinzuzufügen. So gibt es einige Worte, denen nichts entspricht.

Gehen wir davon aus, dass ich Inder bin, und nehmen wir einmal an, ich sei ein Kriegsgefangener in Pakistan und ein Wächter sagt mir: »Heute werden wir dich an die Grenze zu Indien bringen, wo du einen Blick in dein Heimatland werfen kannst.«

Ich werde also zur Grenze gebracht, schaue über die Grenze und denke. »O Indien! Meine wunderschöne Heimat. Ich sehe Dörfer, Bäume und Berge. Das Land, in dem ich zu Hause bin!« Nach einer Weile sagt einer der Wächter: »Entschuldigung, wir haben uns geirrt. Die richtige Stelle liegt zehn Kilometer weiter.«

Worauf habe ich also reagiert? Auf nichts. Ich habe meine Aufmerksamkeit auf ein Wort gerichtet: Indien. Doch Bäume sind nicht Indien, Bäume sind Bäume. In Wirklichkeit gibt es keine Grenzen, sie wurden lediglich vom menschlichen Verstand gezogen, im allgemeinen von engstirnigen, habgierigen Politikern. Früher war Indien ein einziges Land, jetzt sind es vier Länder, und passen wir nicht auf, werden es vielleicht bald sechs sein. Dann werden wir sechs Nationalflaggen haben und sechs Armeen. Deshalb werden Sie mich niemals dabei ertappen können, wie ich vor einer Flagge salutiere. Nationalflaggen als Götzen sind mir zuwider. Vor was salutieren wir bei einer Flagge? Ich salutiere vor den Menschen, nicht vor einer Flagge mit einer Armee.

Flaggen gibt es auch in den Köpfen der Menschen. Jedenfalls

sind tausende von Worten im Gebrauch, die überhaupt nicht der Wirklichkeit entsprechen, aber dennoch bringen sie unsere Gefühle in Wallung! Dann beginnen wir, Dinge zu sehen, die gar nicht vorhanden sind. Wir *sehen* tatsächlich indische Berge, auch wenn es sie gar nicht gibt. Sie wurden amerikanisch beeinflußt oder deutsch, ich wurde indisch beeinflußt. Doch das ist kein Grund, sich zu freuen.

Heutzutage ist bei Ländern der Dritten Welt viel von »Inkulturation« die Rede. Was ist »Kultur« überhaupt? Ich bin über diesen Ausdruck nicht sehr glücklich. Besagt er, dass man gerne etwas tun möchte, weil man so abgerichtet wurde? Dass man gerne etwas fühlen möchte, weil man so abgerichtet wurde? Ist das kein mechanisches Leben? Stellen Sie sich ein amerikanisches Baby vor, das russische Eltern adoptieren und mit nach Rußland nehmen. Das Kind hat keine Ahnung, dass es in Amerika geboren wurde. Es wächst mit der russischen Sprache auf, wird russisch erzogen – es lebt und stirbt für Mütterchen Rußland; es haßt Amerikaner. Das Kind ist durch seine Bildung geprägt, von der eigenen Literatur durchtränkt. Es betrachtet die Welt mit den Augen seiner Kultur. Wenn Sie Ihre Kultur so tragen wollen, wie Sie Ihre Kleider tragen, dann mag das angehen. Eine indische Frau würde einen Sari tragen, eine amerikanische Frau irgend etwas anderes, eine japanische Frau ihren Kimono; aber keine würde sich selbst mit ihren Kleidern identifizieren. Sie aber möchten Ihre Kultur fester an sich ziehen. Sie werden stolz darauf. Man bringt es Ihnen bei, stolz auf sie zu sein. Lassen Sie mich das so nachdrücklich wie möglich sagen.

Ich habe einen Freund, einen Jesuiten, der einmal zu mir sagte: »Immer, wenn ich einen Bettler oder einen Armen sehe, kann ich nicht an ihm vorbeigehen, ohne ihm ein Almosen gegeben zu haben. Das habe ich von meiner Mutter.« Seine Mutter gab jedem Armen, der an ihre Tür anklopfte, immer etwas zu essen. Ich erwiderte: »Joe, was du hast, ist keine Tugend; das ist zwanghaft – zwar gut für den Bettler, aber dennoch zwanghaft.«

Ich erinnere mich an einen anderen Jesuiten, der bei einem internen Treffen von Angehörigen unserer Provinz in Bombay zu uns sagte: »Ich bin achtzig Jahre alt, fünfundsechzig Jahre davon Jesuit. Ich habe nie meine Meditationsstunde ausgelassen – kein einziges Mal.« Das *könnte* durchaus sehr bewundernswert sein, doch genausogut zwanghaft. Jedenfalls kein großes Verdienst, wenn es automatisch getan wird.

Das Schöne einer Tat ergibt sich nicht daraus, dass sie zur Gewohnheit geworden ist, sondern aus dem Gespür, aus dem Bewusstsein, einer klaren Wahrnehmung und angemessenen Erwiderung. Ich kann zu einem Bettler ja sagen und zu dem nächsten nein, ohne durch irgendwelche Beeinflussungen oder Programmierungen, durch meine bisherigen Erfahrungen oder meine Kultur dazu gezwungen zu sein. Nichts wurde mir fest eingeprägt, und wenn, handele ich nicht mehr danach. Hätten Sie zum Beispiel einmal schlechte Erfahrungen mit einem Amerikaner gemacht, wären Sie einmal von einem Hund gebissen worden oder wäre Ihnen einmal ein bestimmtes Essen nicht gut bekommen, dann wären Sie für den Rest Ihres Lebens von diesen Erfahrungen beeinflußt, und das wäre schlecht! Sie müssen davon befreit werden. Übernehmen Sie keine Erfahrungen aus der Vergangenheit, auch keine guten. Lernen Sie, was es bedeutet, etwas vollständig zu erfahren, lassen Sie es dann hinter sich und gehen Sie weiter zum nächsten Moment, vom vorangegangenen unbeeinflußt. Mit so wenig Ballast würden Sie reisen, dass Sie durch ein Nadelöhr kämen. Dann wüßten Sie, was ewiges Leben ist, weil ewiges Leben *jetzt* ist, im zeitlosen *Jetzt*. Nur so werden Sie in ewiges Leben eintreten.

Aber wieviele Dinge schleppen wir mit uns herum! Wir machen uns nie daran, uns selbst zu befreien, den Ballast abzuwerfen und einfach wir selbst zu sein. Es tut mir leid, sagen zu müssen, dass ich immer wieder Muslimen begegne, die ihre Religion, ihren Gottesdienst und ihren Koran dazu benutzen, sich von dieser Aufgabe abzulenken. Dasselbe gilt auch für Hindus und Christen.

Können Sie sich den Menschen vorstellen, der nicht mehr durch Worte beeinflußt wird? Sie können ihm alle Worte sagen, und er wird sich nicht von ihnen beeindrucken lassen. Sie können sagen: »Ich bin Kardinalerzbischof Soundso,« und es wird ihn nicht berühren. Er wird Sie als das sehen, was Sie sind. Er lässt sich von keinen Etiketten und Schubladen beeinflussen.

Gefilterte Wirklichkeit

Ich möchte noch etwas über unsere Wahrnehmung der Wirklichkeit sagen und werde dies in Form einer Analogie tun: Der Präsident der Vereinigten Staaten muss von den Bürgern eine Art Rückmeldung erhalten, ebenso wie der Papst in Rom von der ganzen Kirche. Es gibt buchstäblich Millionen Dinge, die man dem Präsidenten oder Papst vortragen könnte, doch wären beide kaum in der Lage, sie aufzunehmen, geschweige denn zu verarbeiten. Beide haben also Leute ihres Vertrauens, die für sie abstrahieren, zusammenfassen, beobachten, filtern; das Ergebnis davon bekommen sie auf den Schreibtisch.

Nicht anders verhält es sich mit uns selbst. Von allen Fasern, allen lebenden Zellen unseres Körpers und von allen unseren Sinnen bekommen wir Rückmeldungen aus der Realität. Doch wir filtern ständig etwas heraus. Aber was ist denn unser Filter? Unsere Kultur? Die Art, wie wir vorprogrammiert wurden? Die anerzogene Weise, die Dinge zu sehen und zu erfahren? Sogar unsere Sprache kann ein Filter sein. Manchmal wird soviel herausgefiltert, dass manche Dinge, die es gibt, gar nicht mehr gesehen werden. Betrachten Sie doch nur einen Menschen, der an Verfolgungswahn leidet und sich ständig von etwas bedroht fühlt, das es gar nicht gibt; der die Wirklichkeit dauernd aus der Sicht bestimmter Erfahrungen der Vergangenheit oder bestimmter Beeinflussungen interpretiert.

Doch noch ein anderer Dämon ist am Ausfiltern beteiligt. Er heißt An-etwas-Hängen, Begehren, Sehnsucht, Verlangen. Die Wurzel allen Kummers ist das Verlangen. Verlangen trübt und zerstört die Wahrnehmung. Ängste und Wünsche verfolgen uns. Samuel Johnson sagte: »Das Wissen, in einer Woche am Galgen zu hängen, lässt einen Menschen sich wunderbar konzentrieren.« Alles andere wird aus dem Gedächtnis gestrichen, das ganze Denken konzentriert sich auf die Angst, den Wunsch, das Verlangen.

Als wir jung waren, wurden wir auf vielerlei Weise abhängig gemacht. Wir wurden so erzogen, dass wir andere Leute brauchen. Wofür? Für Akzeptanz, Zustimmung, Wertschätzung, Applaus – für das, was man Erfolg nennt: alles Worte, die mit der Wirklichkeit nichts zu tun haben. Es handelt sich hierbei um Konventionen und Erfindungen, und wir merken nicht, dass sie sich nicht mit der Realität decken. Was ist Erfolg? Das, wovon eine Gruppe entschieden hat, dass es etwas Positives ist. Eine andere Gruppe würde vielleicht entscheiden, dass es etwas Schlechtes ist. Was in Washington positiv ist, kann in einem Karthäuserkloster negativ sein. Erfolg in einem politischen Bereich kann in einem anderen Zusammenhang Versagen darstellen.

Alles ist Konvention, wenngleich wir so tun, als sei es die Wirklichkeit. Als wir klein waren, wurden wir zum Unglücklichsein programmiert. Man brachte uns bei, zum Glück gehöre Geld, Erfolg, ein gut aussehender Partner bzw. eine Partnerin, ein guter Job, Freundschaft, Spiritualität, Gott – Sie sagen es. Solange Sie das alles nicht bekommen, werden Sie auch nicht glücklich sein, wurde uns gesagt. Genau das nenne ich »sein Herz an etwas hängen«. Dieses Verhaftetsein besteht in dem Glauben, dass man ohne etwas Bestimmtes nicht glücklich werden könne. Ist man erst einmal davon überzeugt – und das dringt tief in Ihr Unterbewusstsein ein, in die Wurzeln Ihres Seins – sind Sie erledigt. »Wie könnte ich glücklich sein, wo mir doch die Gesundheit zu schaffen macht?« heißt es dann. Dazu kann ich Ihnen sagen: Ich habe Menschen kennen gelernt, die Krebs hatten und glücklich waren. Wie konnten sie glücklich sein, wo sie doch wussten, dass sie bald sterben würden? Aber sie waren es.

»Wie könnte ich glücklich sein, wenn ich kein Geld habe?« Der eine hat eine Million Dollar auf seinem Konto und fühlt sich nicht sicher; der andere hat praktisch nichts, scheint sich aber durchaus nicht unsicher zu fühlen. Er wurde anders programmiert, das ist alles. Es ist müßig, den ersteren zurechtzuweisen; was er braucht, ist Verständnis. Zurechtweisungen helfen nicht viel. Es kommt darauf an zu verstehen, dass Sie vorprogrammiert sind, dass Sie mit falschen Überzeugungen leben. Erkennen Sie sie als falsch, als ein Märchen.

Was tun denn die Menschen ihr ganzes Leben lang? Sie kämpfen ständig, kämpfen und kämpfen. Das nennen sie dann überleben. Wenn der Durchschnittsamerikaner sagt, er oder sie würde seinen oder ihren Lebensunterhalt verdienen, unterhalten sie nicht ihr Leben, o nein! Sie haben viel mehr als sie zum Leben brauchen. Kommen Sie nach Indien und überzeugen Sie sich davon. Man braucht nicht all die Autos, um leben zu können, genausowenig wie einen Fernsehapparat. Man braucht nicht die vielen Kosmetika, um zu leben, und auch keinen vollen Kleiderschrank. Aber versuchen Sie einmal, einen Durchschnittsamerikaner davon zu überzeugen: sie wurden so beeinflußt, programmiert. Sie arbeiten und mühen sich ab, das ersehnte Gut zu bekommen, das ihr Glück bedeutet.

Denken Sie über die folgende bedrückende Geschichte etwas nach – es ist Ihre Geschichte, meine Geschichte, die Geschichte aller:

»Solange ich das nicht erreicht habe (Geld, Freundschaft, irgend etwas), bin ich nicht glücklich; ich werde alles tun, um es zu bekommen, und wenn ich soweit bin, werde ich alles tun, um es mir zu erhalten. Ich habe einen kurzen Nervenkitzel. Ich bin begeistert, dass ich es habe!« Aber wie lange hält es an? Ein paar Minuten, vielleicht ein paar Tage. Wenn Sie Ihr nagelneues Auto in Empfang nehmen, wie lange hält Ihre Begeisterung darüber an? Bis zum nächsten Wunsch, an den Sie Ihr Herz hängen!

In Wahrheit werde ich einen Nervenkitzel ziemlich schnell leid. Man sagte mir, Gebet sei das Höchste, Gott sei das Höchste, Freundschaft sei das Höchste. Wir wussten nicht, was Gebet, Gott oder Freundschaft wirklich war, haben aber viel Aufhebens darum gemacht. Doch schon bald langweilten wir uns damit. Gelangweiltsein vom Gebet, von Gott, von Freundschaft – ist das nicht tragisch? Und es gibt keinen Ausweg, einfach keinen Ausweg. Es ist das einzige Modell, das man uns gab, um glücklich zu sein. Ein anderes Modell gab es einfach nicht. Unsere Kultur, unsere Gesellschaft und bedauerlicherweise sogar unsere Religion boten uns kein anderes Modell.

Sie wurden zum Kardinal ernannt. Welch große Ehre! Ehre? Sagten Sie Ehre? Sie haben das falsche Wort gebraucht. Nun werden andere danach streben. Sie verfielen dem, was das Evangelium »die Welt« nennt; Sie werden Ihre Seele verlieren. Welt, Macht, Prestige, Gewinn, Erfolg, Ehre, usw. existieren nicht wirklich. Sie gewinnen die Welt, aber verlieren Ihre Seele. Ihr ganzes Leben wird leer und seelenlos. Da gibt es nichts, außer dem einen Ausweg, nämlich: seine Programmierung loszuwerden! Wie stellt man das an? Sie müssen sich Ihrer Programmierung bewusst werden. Durch Willensanstrengung ändert man sich nicht, ebensowenig wie durch Ideale. Auch ändert man sich nicht dadurch, dass man neue Gewohnheiten annimmt. Dann mag sich zwar Ihr Verhalten ändern, Sie selbst aber ändern sich nicht. Sie ändern sich nur durch Bewusstmachen und Verstehen: Wenn Sie einen Stein als einen Stein ansehen, ein Stück Papier als ein Stück Papier, wenn Sie nicht mehr meinen, der Stein sei ein kostbarer Diamant und das Stück Papier ein Scheck über eine Million Dollar. Wenn Sie das erkennen, ändern Sie sich. Dann brauchen Sie keine Gewalt mehr, um sich selbst zu ändern. Andernfalls wäre das, was Sie ändern nennen, nichts anderes als einfaches Möbelrücken. Ihr Verhalten ist verändert, aber nicht Sie.

Sich loslösen

Der einzige Weg, sich zu verändern, ist, sein Verstehen zu ändern. Aber was heißt verstehen? Wie gehen wir da vor? Versuchen Sie sich einmal klarzumachen, wie weit wir durch alle möglichen Dinge, an denen wir hängen, zu Sklaven werden; wir tun alles, um uns die Welt so zurechtzurücken, damit uns unsere Eingenommenheiten erhalten bleiben, denn die Welt ist für sie eine ständige Bedrohung. Ich habe Angst, einem Freund könnte nichts mehr an mir liegen; er könnte sich jemand anderem zuwenden. Ich muss ständig attraktiv sein, weil ich diesen anderen Menschen unbedingt haben muss. Man hat mich so eingestellt, dass ich meine, auf seine oder ihre Liebe angewiesen zu sein. Das bin ich in Wirklichkeit aber nicht. Ich brauche die Liebe von niemand; ich muss lediglich

Kontakt zur Realität bekommen. Ich muss aus meinem Gefängnis ausbrechen, aus diesem Programmiert- und Beeinflußtsein, diesen falschen Überzeugungen, diesem Hirngespinst; ich muss in die Wirklichkeit ausbrechen.

Die Wirklichkeit ist schon, sie ist eine reine Wonne. Das ewige Leben ist jetzt. Es umgibt uns, wie einen Fisch das Meer, doch wir haben keine Ahnung davon. Die Dinge, an denen unser Herz hängt, lenken uns zu sehr ab. Zeitweise richtet sich die Welt so ein, dass sie zu unseren Anhänglichkeiten passt. Dann sagen wir zum Beispiel: »Toll! Meine Mannschaft hat gewonnen!« Aber warten Sie nur ab; das kann sich schnell ändern; morgen schon können Sie wieder niedergeschlagen sein. Warum machen wir nicht Schluß damit?

Machen Sie diese kleine Übung, die Sie nur ein paar Minuten Zeit kostet: Denken Sie an etwas oder jemand, an dem Sie hängen; oder, mit anderen Worten, an etwas oder jemand, ohne das oder den Sie meinen, nicht glücklich sein zu können. Das kann Ihre Arbeit, Ihre Karriere, Ihr Beruf, Ihr Freund, Ihr Geld, oder was auch immer sein. Dann sagen Sie zu der Sache oder dem Menschen: »Ich brauche dich wirklich nicht, um glücklich zu sein. Ich führe mich nur selbst in die Irre, wenn ich glaube, dass ich ohne dich nicht glücklich sein kann. Doch in Wirklichkeit brauche ich dich nicht zu meinem Glück, ich kann ohne dich glücklich sein. Du bist nicht mein Glück und meine Freude.«

Wenn Sie an einem Menschen hängen, wird er oder sie nicht gerade überglücklich sein, das von Ihnen zu hören, aber lassen Sie sich dadurch nicht beirren. Gestehen Sie es sich vielleicht nur im geheimsten Winkel Ihres Herzens ein. Auf jeden Fall werden Sie in Kontakt zur Wahrheit kommen und eine Illusion zerbrechen.

Glück ist ein Zustand von Illusionslosigkeit, des Entledigtsein von Illusionen.

Oder versuchen Sie eine andere Übung: Denken Sie an eine Zeit, als Ihr Herz gebrochen war und Sie glaubten, nie wieder glücklich sein zu können (als Ihr Mann starb, Ihre Frau starb, Ihr bester Freund Sie im Stich ließ, Sie Ihr ganzes Geld verloren). Was geschah dann? Die Zeit verging, und wenn es Ihnen gelang, etwas anderes zu finden, woran Sie Ihr Herz hingen, oder jemand anderen zu finden, den Sie mochten, oder etwas anderes, woran Ihnen lag, was war dann mit der alten Sache oder Person? Sie brauchten sie also doch nicht, um glücklich zu sein, oder?

Daraus hätten Sie etwas lernen sollen, aber wir werden nie klüger. Wir sind programmiert und fixiert. Es ist sehr befreiend, mit seinen Gefühlen von nichts abzuhängen. Würden Sie dies für nur eine Sekunde erfahren, gäbe es für Sie in Ihrem Gefängnis keine Mauern mehr, und Sie könnten einen Blick auf die Weite des Himmels werfen. Eines Tages werden Sie vielleicht sogar fliegen.

Ich hatte zwar Angst, es zu sagen, aber ich sprach zu Gott, und ich sagte ihm, dass ich ihn nicht bräuchte. Meine erste Reaktion war: »Das steht zu allem, was ich gelernt habe, im glatten Widerspruch.« Manche möchten auch bei ihrer Bindung an Gott eine Ausnahme machen. Sie sagen: »Wenn Gott der ist, der er meiner Meinung nach sein sollte, wird es ihm nicht gefallen, wenn ich meine Bindung an ihn aufgebe!« Gut, wenn Sie meinen, dass Sie ohne Gott nicht glücklich sein können, dann hat der »Gott«, an den Sie denken, mit dem wirklichen Gott nichts zu tun. Sie denken an einen Traumzustand, an Ihren Begriff. Manchmal müssen Sie »Gott« los werden, um Gott zu finden. Viele Mystiker lehren uns das.

Wir wurden von allem so verblendet, dass wir nicht erkannten, dass das Aneinander-Hängen einer Beziehung eher schadet als nützt. Ich erinnere mich, wie sehr ich mich davor fürchtete, einem guten Freund von mir zu sagen: »Eigentlich brauche ich dich nicht. Ich kann auch ohne dich glücklich sein. Aber dadurch, dass ich dir das sage, kann ich deine Gesellschaft erst richtig genießen – da gibt es keine Ängste mehr, keine Eifersucht, kein Besitzdenken, kein Anklammern. Es ist schön, bei dir zu sein, ohne festgehalten zu werden. Du bist frei und ich auch.«

Für viele von Ihnen wird das etwas völlig Neues sein. Ich selbst habe lange dazu gebraucht, es zu begreifen. Sie müssen dabei berück-sichtigen, dass ich Jesuit bin und geistliche Übungen gemacht habe, bei denen es genau um so etwas geht. Dennoch begriff ich den entscheidenden Punkt nicht, und meine Kultur und meine Gesellschaft ließen mich die Menschen in den Kategorien meiner Abhängigkeiten sehen. Ich amüsiere mich manchmal darüber, wenn scheinbar objektive Leute wie Therapeuten und geistliche Leiter über jemand sagen: »Er ist wirklich ein toller Kerl, ich mag ihn sehr.«

Später finde ich heraus, dass ich jemand mag, weil er oder sie mich mag. Ich schaue in mich hinein und komme immer wieder zu demselben Schluß: Wenn ich von Lob und Wertschätzung abhängig bin, werde ich die Menschen danach beurteilen, ob sie meine Abhängigkeiten gefährden oder fördern. Wenn Sie als Politiker gewählt werden möchten, worauf werden Sie wohl bei den Leuten achten, wonach wird sich Ihr Interesse richten? Sie werden sich um die Leute kümmern, die Sie wählen könnten. Wenn Sie an Sex interessiert sind, wie glauben Sie, werden Sie Frauen und Männer betrachten? Wenn Sie nach Macht streben, wird das Ihre Sicht der

Menschen beeinflussen. Jemandem verfallen zu sein, zerstört Ihre Fähigkeit zu lieben.

Was ist Liebe? Liebe ist Empfindsamkeit, Liebe ist Wahrnehmungsfähigkeit. Um dies mit einem Beispiel zu verdeutlichen: Ich höre eine Sinfonie. Aber wenn alles, was ich höre, nur die Pauken sind, höre ich nicht die Sinfonie.

Was ist ein liebendes Herz? Ein liebendes Herz ist dem ganzen Leben gegenüber empfindsam, allen Menschen gegenüber; ein liebendes Herz verschließt sich vor nichts und niemandem. Aber in dem Augenblick, da Sie in meinem Sinn des Wortes abhängig werden, blockieren Sie vieles andere. Sie haben nur noch Augen für das, woran Ihr Herz hängt; Sie haben nur noch Ohren für die Pauken, das Herz ist verhärtet, ja es ist verblendet, denn es sieht das Objekt seiner Abhängigkeit nicht mehr objektiv. Liebe heißt ungetrübte Wahrnehmung, Objektivität; es gibt nichts, was so klarsichtig wäre wie die Liebe.

Liebe, die süchtig macht

Ein liebendes Herz bleibt weich und empfindsam. Wenn Sie aber darauf versessen sind, etwas zu erreichen, werden Sie ruchlos, hart und empfindungslos. Wie können Sie einen Menschen lieben, wenn sie ihn brauchen? Sie können ihn nur gebrauchen. Wenn ich Sie zu meinem Glück brauche, muss ich Sie gebrauchen, manipulieren, muss ich Mittel und Wege finden, Sie zu gewinnen. Ich kann Sie nicht frei sein lassen.

Ich kann die Menschen nur lieben, wenn ich mein Leben von den Menschen losgelöst habe. Wenn ich mich vom Bedürfnis nach Menschen lossage, bin ich wirklich in der Wüste. Am Anfang ist es furchtbar, die Einsamkeit zu spüren, doch wenn Sie eine Weile ausgehalten haben, entdecken Sie auf einmal, dass es durchaus keine Einsamkeit ist. Sie erleben die Abgeschiedenheit, das Alleinsein, und die Wüste beginnt zu blühen. Dann werden Sie endlich erfahren, was Liebe ist, was Gott ist, was Realität ist. Doch am Anfang kann es hart sein, die Droge aufzugeben, wenn Sie keinen starken Willen oder nicht genug erlitten haben.

Es hat etwas Großartiges an sich, gelitten zu haben. Nur dann kann es Ihnen überdrüssig werden. Sie können das Leiden dazu benutzen, ihm ein Ende zu setzen. Viele leiden aber weiter. Daraus erklärt sich der Konflikt, in dem ich manchmal stehe: der Konflikt zwischen der Rolle des geistlichen Begleiters und der des Therapeuten. Der Therapeut sagt: »Wir wollen das Leiden erleichtern.« Der geistliche Begleiter sagt: »Soll sie nur leiden, sie wird ihres Verhaltens anderen gegenüber schon überdrüssig werden und sich schließlich entscheiden, aus diesem Gefängnis emotionaler Abhängigkeit von anderen auszubrechen.« Soll ich ein Schmerzmittel verschreiben oder den Krebs entfernen? Das ist keine so leichte Entscheidung.

Jemand wirft angewidert ein Buch auf den Tisch. Lassen Sie es ihn ruhig auf den Tisch werfen. Heben Sie das Buch nicht für ihn auf und sagen Sie ihm, es sei schon alles in Ordnung. Spiritualität ist Bewusstheit, Bewusstheit, und noch einmal Bewusstheit. Wenn sich früher Ihre Mutter über Sie ärgerte, sagte sie nicht, dass etwas mit ihr nicht stimme, vielmehr sagte sie, dass etwas mit Ihnen nicht stimmte, sonst würde sie sich ja nicht über Sie ärgern. Also, ich habe die große Entdeckung gemacht, dass wenn *du* dich ärgerst, Mutter, etwas mit *dir* nicht stimmt. Deshalb solltest du dich besser mit *deinem* Ärger befassen. Verweile bei ihm, und befasse dich mit ihm, es ist nicht mein Ärger. Ob etwas mit mir stimmt oder nicht stimmt, werde ich unabhängig von deinem Ärger herausfinden. Ich werde mich nicht von deinem Ärger beeinflussen lassen.

Das Witzige dabei ist, dass wenn ich mich so verhalten kann, ohne jemand anderem gegenüber negative Gefühle zu entwickeln, ich auch mir selbst gegenüber recht objektiv sein kann. Nur ein Mensch mit viel Bewusstheit kann sich weigern, die Schuld und den Ärger auf sich zu beziehen, und kann sagen: »Du hast einen Wutanfall. Zu schade. Ich verspüre nicht den leisesten Wunsch, dich irgendwie zu retten, und ich weigere mich, mich schuldig zu fühlen.« Ich werde mich nicht selbst für etwas hassen, was ich getan habe. Denn das ist Schuld. Ich werde mir nicht selbst ein schlechtes Gefühl bereiten und mich selbst für etwas geißeln, was ich getan habe, sei es nun richtig oder falsch. Ich bin dazu bereit, es zu analysieren, es zu beobachten und zu sagen: »Falls ich etwas falsch gemacht habe, geschah dies in Nicht-Bewusstheit.«

Niemand macht etwas in voller Bewusstheit falsch. Deswegen sagen uns die Theologen auch sehr treffend, dass Jesus nichts falsch machen konnte. Das leuchtet mir sehr gut ein, denn der erleuchtete Mensch kann nichts falsch machen. Der Erleuchtete ist frei. Jesus war frei, und weil er frei war, konnte er nichts falsch machen. Weil Sie jedoch etwas falsch machen können, sind Sie nicht frei.

Noch mehr Worte

Von Mark Twain stammt der schöne Satz: »Es war sehr kalt, und wäre das Thermometer noch ein paar Zentimeter länger gewesen, wären wir erfroren.« – Wir erfrieren an Wörtern. Nicht die Kälte draußen spielt eine Rolle, sondern das Thermometer. Nicht die Realität fällt ins Gewicht, sondern was man sich selbst über sie sagt.

Ich hörte einmal eine schöne Geschichte von einem Bauern in Finnland. Als die russisch-finnische Grenze gezogen wurde, musste der Bauer sich entscheiden, ob er in Rußland oder in Finnland leben wollte. Nach langer Bedenkzeit sagte er, er wolle in Finnland leben, doch wollte er die russischen Beamten nicht vor den Kopf stoßen. Diese kamen zu ihm und fragten ihn, wieso er in Finnland leben wollte. Er antwortete:

»Es war schon immer mein Wunsch, in Mütterchen Rußland zu leben, aber in meinem Alter könnte ich keinen russischen Winter mehr überleben.«

Rußland und Finnland sind nur Worte, Begriffe, aber wir verrückten Menschen merken das nicht. Wir achten fast nie auf die Wirklichkeit. Ein Guru versuchte einmal, einer Gruppe von Leuten zu erklären, wie die Menschen auf Worte reagieren, sich von Worten ernähren, von ihnen leben, mehr als von der Wirklichkeit. Einer der Männer stand auf und protestierte. Er sagte:»Dem kann ich nicht zustimmen, dass Worte eine so große Wirkung auf uns haben.« Der Guru erwiderte:»Setz dich hin, du Hundesohn.« Der Mann wurde blaß vor Zorn und sagte:»Du nennst dich selbst einen Erleuchteten, nennst dich Guru, Meister, aber du solltest dich schämen.« Der Guru sagte:»Entschuldigen Sie, mein Herr, ich habe mich hinreißen lassen. Ich bitte Sie vielmals um Entschuldigung, es war ein Versehen, es tut mir wirklich leid.« Schließlich beruhigte sich der Mann. Der Guru sagte darauf:»Ein paar Worte genügten, um einen wahren Sturm in Ihnen zu entfachen; und ein paar Worte genügten, um Sie wieder zu beruhigen, war es nicht so?« Worte, Worte, Worte – wie einengend sind sie, wenn man sie nicht richtig gebraucht.

Versteckte Rangordnungen

Zwischen Wissen und Bewusstheit, zwischen Kenntnis und Bewusstheit besteht ein Unterschied. Ich sprach schon davon, dass man mit Bewusstheit nichts Schlechtes tun kann. Doch kann man wissentlich und mit voller Kenntnis Schlechtes tun, dann, wenn man *weiß*, dass etwas schlecht ist. Jesus betete:»Vater, vergib ihnen, denn sie wissen nicht, was sie tun.« Ich würde dies so übersetzen: »Sie sind sich nicht *bewusst*, was sie tun.« Paulus sagt, er ist der größte Sünder, weil er die Kirche Gottes verfolgt hat. Aber, fügt er hinzu, er tat es, ohne sich dessen bewusst zu sein.

Oder, wenn die Menschen sich dessen *bewusst* gewesen wären, dass sie den Herrn der Herrlichkeit kreuzigten, hätten sie es niemals getan. Oder: »Die Zeit wird kommen, da sie euch verfolgen und *denken* werden, Gott damit zu dienen.« Sie sind sich nicht bewusst. Sie sind in Kenntnis und Wissen befangen. Thomas von Aquin sagt hierzu treffend: »Immer wenn gesündigt wird, geschieht es im Namen des Guten.« Man verblendet sich selbst, sieht etwas als gut an, obwohl man weiß, dass es im übrigen schlecht ist; man sucht Begründungen, weil man etwas unter dem Vorwand des Guten erstrebt.

Eine Frau beschrieb mir einmal zwei Situationen, bei denen es für sie schwierig war, Bewusstheit und Überblick zu behalten. Sie arbeitete in einem Dienstleistungsbetrieb, wo die Leute Schlange standen, viele Telefone klingelten, sie allein mit allem fertig werden musste, und viele ungeduldige, gereizte Leute eine ständige Ablenkung waren. Sie fand es äußerst schwierig, gelassen und ruhig zu bleiben. Die andere Situation betraf das Autofahren im dichten Verkehr, mit Hupen und Schimpfen von links und rechts. Sie fragte mich, ob sich diese Unruhe legen würde, und sie den inneren Frieden erreichen könne.

Bemerken Sie hier die Abhängigkeit? Frieden. Ihre Abhängigkeit von Ruhe und Frieden. Sie sagte: »Solange ich nicht den inneren Frieden habe, werde ich nicht glücklich sein.« Sind Sie schon einmal auf den Gedanken gekommen, dass Sie auch bei aller Anspannung glücklich sein können? Vor der Erleuchtung war ich frustriert, nach der Erleuchtung bin ich immer noch frustriert. Setzen Sie sich Entspannung und Empfindsamkeit nicht zum Ziel. Haben Sie schon einmal davon gehört, dass Leute verkrampfen, wenn sie versuchen, sich zu entspannen? Ist man verkrampft, achtet man nur auf seine Verkrampfung. Sie werden sich selbst nie verstehen, wenn Sie versuchen, sich zu ändern. Je mehr man versucht, sich zu ändern, um so schlimmer wird es. Sehen Sie Ihre Aufgabe darin, bewusst wahrzunehmen. Erspüren Sie das schrillende Telefon, erspüren Sie die gespannten Nerven; erspüren Sie das Gelenktwerden der Autoräder.

Mit anderen Worten: Kommen Sie zur Realität, und überlassen Sie die Verkrampfung und die Ruhe sich selbst. Sie werden nicht darum herumkommen, sie sich selbst zu überlassen, weil Sie genug damit zu tun haben werden, den Kontakt zur Wirklichkeit zu behalten. Schritt für Schritt, lassen Sie geschehen, was auch immer geschieht. Veränderung tritt tatsächlich ein, wenn sie nicht aus Ihrem Ego, sondern aus der Wirklichkeit kommt. Bewusstheit setzt die Wirklichkeit frei, Sie zu verändern.

Das Bewusstwerden verändert Sie, aber diese Erfahrung müssen Sie machen. Hier, an diesem Punkt, nehmen Sie mein Wort dafür. Vielleicht haben Sie sich ohnehin vorgenommen, Bewusstheit zu erlangen. Ihr Ego versucht auf seine eigene gerissene Art, Sie zum Bewusstwerden zu drängen. Seien Sie auf der Hut! Sie werden auf Widerstand stoßen, und es wird Probleme geben. Wenn jemand immerzu ängstlich auf das Bewusstwerden bedacht ist, können Sie bei ihm die milde Art von Angst entdecken. Dann will man nämlich wach sein, um herauszufinden, ob man wirklich wach ist oder nicht. Das fällt in den Bereich der *Askese* und ist nicht Bewusstheit.

Es mag seltsam klingen, in einer Kultur, die uns dazu erzogen hat, Ziele zu erreichen, weiterzukommen, wenn es auch in Wirklichkeit gar nichts gibt, wohin man gehen könnte, da wir bereits dort sind. Ein japanisches Sprichwort bringt das schön zum Ausdruck: »An dem Tag, an dem du zu reisen aufhörst, wirst zu angekommen sein.« Sie sollten die Einstellung haben: »Ich möchte bewusst leben, ich möchte mit allem in Verbindung sein, was geschieht, und es geschehen lassen, was immer es sei; bin ich wach, ist es gut; schlafe ich, ist es auch gut.« Sobald Sie es sich zum Ziel setzen und versuchen, es zu *erreichen*, erwarten Sie ein Lob Ihres Egos, eine Bestätigung Ihres Egos. Sie möchten das gute Gefühl, dass Sie es *geschafft* haben. Wann Sie es »schaffen« werden, wissen Sie nicht. Ihre linke Hand wird nicht wissen, was die rechte tut. »Herr, wann haben wir das getan? Wir waren uns dessen nicht bewusst.« Gutsein ist nie so schön, wie wenn man sich dessen nicht bewusst ist, dass man Gutes tut. »Du sagst, ich habe dir geholfen? Es hat mir Spass gemacht. Ich habe nur getan, was ich sowieso tun wollte. Schön, dass es dir geholfen hat. Ich gratuliere dir! Es ist aber nicht mein Verdienst.«

Wenn Sie es erreicht haben, wenn Sie Bewusstheit erlangt haben, werden Sie sich immer weniger mit Etiketten wie »wach« oder »schlafend« aufhalten. Eines meiner Probleme hier ist, Ihre Neugier zu wecken, aber nicht Ihre spirituelle Gier. Laßt uns wach werden, es wird wunderbar sein. Nach einer Weile spielt es keine Rolle mehr; man ist wach, weil man lebt. Das unbewusste Leben ist nicht wert, gelebt zu werden. Und Sie werden alles Schmerzliche auf sich beruhen lassen.

Nachgeben

Je angestrengter Sie versuchen, sich zu ändern, desto schlimmer kann es werden. Heißt das, dass ein gewisses Maß an Passivität angebracht ist? Ja, denn je mehr Sie einer Sache widerstehen, desto größere Macht geben Sie ihr. Darin sehe ich die Bedeutung des Wortes Jesu: »Wenn dich jemand auf die rechte Wange schlägt, dann halte ihm auch die andere Wange hin.« Die Dämonen, die man bekämpft, werden gerade dadurch um so stärker. Das ist eine sehr orientalische Betrachtungsweise. lässt man sich jedoch mit dem Feind treiben, überwindet man ihn. Wie ist dem Bösen beizukommen? Nicht indem man es bekämpft, sondern indem man es versteht. Sobald wir es verstehen, verschwindet es.

Wie ist der Dunkelheit zu begegnen? Nicht mit der Faust. Dunkelheit wird auch nicht mit dem Besen aus dem Zimmer gejagt, sondern man schaltet das Licht an. Je mehr man gegen die Dunkelheit ankämpft, desto wirklicher wird sie, und desto mehr ermatten die eigenen Kräfte. Schaltet man aber das Licht des Bewusstseins an, verschwindet sie.

Angenommen, dieses Stück Papier ist ein Scheck über eine Million Dollar. Ach, ich muss ihm entsagen, will ich das Evangelium befolgen, ich muss verzichten, wenn ich das ewige Leben erlangen will. Wollen Sie eine Gier durch eine andere – eine geistliche Gier – ersetzen?

Vorher hatten Sie ein weltliches Ego, jetzt haben Sie ein geistliches, doch nach wie vor ein Ego, ein raffiniertes, und ein Ego, dem schwieriger beizukommen ist. Indem Sie auf etwas verzichten, binden Sie sich daran. Doch anstatt auf es zu verzichten, schauen Sie dieses Stück Papier an und sagen: »Ach, das ist doch kein Scheck über eine Million Dollar, das ist ein Fetzen Papier.« Und schon gibt es nichts mehr zu bekämpfen, auf nichts mehr zu verzichten.

Allerlei Tücken

In meiner Heimat Indien wuchsen viele Männer in dem Glauben auf, Frauen seien wie Kühe. »Ich habe sie geheiratet«, sagen sie, »sie gehört mir.« Kann man diesen Männern einen Vorwurf machen? Machen Sie sich auf einen Schock gefaßt: nein, kann man nicht. Ebensowenig wie vielen Amerikanern vorzuwerfen ist, wie sie über Russen denken. Ihre Brillen wurden einfach getönt, und in diesem Farbton sehen sie jetzt die Welt. Wie kann man sie mit der Wirklichkeit vertraut machen, um sie bewusst werden zu lassen, dass sie die Welt durch eine gefärbte Brille sehen? Solange sie nicht ihr zugrundeliegendes Vorurteil erkennen, gibt es keine Hilfe.

Sobald Sie die Welt aus der Sicht einer Ideologie betrachten, sind Sie am Ende. Keine Wirklichkeit passt in eine Ideologie, das Leben ist mehr als das. Darum suchen die Menschen immer nach einem Sinn des Lebens. Aber das Leben hat keinen Sinn; es kann keinen Sinn haben, denn Sinn ist eine Formel; Sinn ist etwas, was unserem Verstand vernünftig erscheint. Immer, wenn Sie meinen, in der Wirklichkeit einen Sinn zu sehen, stoßen Sie auf etwas, was den Sinn wieder zunichte macht. Sinn ist nur zu finden, wenn Sie über den Sinn hinausgehen. Das Leben hat nur Sinn, wenn Sie es als Mysterium verstehen; für einen begrifflich denkenden Verstand hat es keinen Sinn.

Ich sage nicht, dass Anbetung und Verehrung nicht wichtig sind, aber ich sage zugleich, dass der Zweifel unendlich wichtiger ist als Anbetung. Überall suchen die Menschen nach etwas, das sie anbeten können, aber ich habe noch keine Menschen gefunden, die in ihren Einstellungen und Überzeugungen wach genug sind. Wie froh wären wir, wenn Terroristen ihre Ideologie weniger anbeten und mehr in Frage stellen würden. Trotzdem wollen wir das nicht auf uns beziehen; wir denken, dass wir recht und die Terroristen unrecht haben. Doch ein Terrorist für Sie, ist ein Märtyrer für andere.

Einsamkeit heißt, Menschen zu vermissen; Alleinsein heißt, sich selbst zu genügen. So wird vom scharfzüngigen George Bernard Shaw ein schöner Ausspruch berichtet: Auf einer jener langweiligen Cocktail-Parties, auf denen viel geredet, aber nichts gesagt wird, fragte man ihn: »Amüsieren Sie sich gut?« Worauf er erwiderte: »Das ist das einzige, was mich hier amüsiert.«

Zusammensein mit anderen ist nur dann schön, wenn man ihnen nicht versklavt ist. Eine Gemeinschaft kann sich nicht aus Sklaven zusammensetzen, dass heißt aus Leuten, die verlangen, dass andere Leute sie glücklich machen. In einer wirklichen Gemeinschaft gibt es keinen Bettlerhut, kein Anklammern, keine Angst, kein Bangen, keinen Katzenjammer, kein Besitzdenken, keine Ansprüche. Freie Menschen bilden eine Gemeinschaft, nicht Sklaven: eine einfache Wahrheit, die aber von einer ganzen Kultur übertönt wurde, die religiöse Kultur inbegriffen. Die religiöse Kultur kann sich als sehr manipulativ erweisen, wenn man nicht aufpasst.

Manche Leute betrachten die Bewusstheit als einen hochgelegenen Punkt, ein Plateau, jenseits der unmittelbaren Erfahrung eines jeden Augenblicks. Das macht die Bewusstheit zu einem Ziel. Doch wahre Bewusstheit sucht nichts, wohin man gehen, nichts, was man erreichen sollte. Wie kommen wir zu dieser Bewusstheit? Durch Bewusstheit.

Ein Freund von mir war vor kurzem in Irland. Er erzählte mir, dass er, obwohl er die amerikanische Staatsbürgerschaft besitze, sich einen irischen Pass ausstellen lassen könne, was er auch tat, denn er hatte Sorge, mit einem amerikanischen Pass auf Reisen zu gehen. Sollten nämlich Terroristen kommen und seinen Pass verlangen, wollte er ihnen sagen können: »Ich bin Ire!«. Aber die Leute im Flugzeug neben ihm interssiert kein Etikett, keine Aufklebemarke! Sie wollen mit dem Menschen, der er wirklich ist, in Kontakt kommen und ihn erleben. Wieviele Leute verbringen ihr Leben in der Weise, dass sie nicht das Essen, sondern die Speisekarte verzehren? Eine Speisekarte weist nur auf das hin, was die Küche zu bieten hat. Sie möchten doch das Steak essen und nicht die Worte.

Wenn manche sagen, sie wollten wirklich jeden Moment erfahren, meinen sie schon Bewusstheit, ausgenommen dieses »wollen«. Man kann Bewusstheit nicht erfahren wollen; sie tritt ein oder tritt nicht ein.

Der Tod des »Mich«

Kann man uneingeschränkt Mensch sein, ohne das Tragische zu erfahren? Das einzig Tragische auf der Welt ist Ignoranz, die Wurzel allen Übels. Das einzig Tragische auf der Welt ist Unwachsamkeit und Unbewusstheit. Ihnen entspringt die Furcht, und aus der Furcht kommt alles andere, aber der Tod ist keineswegs eine Tragödie. Sterben ist schön; es wird nur für diejenigen zum Schrecken, die das Leben nie verstanden haben. Nur wer Angst vor dem Leben hat, hat auch Angst vor dem Tod. Nur wer tot ist, fürchtet den Tod. Doch wer lebt, fürchtet ihn nicht.

Ein amerikanischer Schriftsteller schrieb dazu sehr treffend: Das Erwachen ist der Tod Ihres Glaubens an Ungerechtigkeit und Tragik. Was für eine Raupe das Ende der Welt bedeutet, ist ein Schmetterling für den Meister. Tod ist Auferstehung.

Damit meinen wir nicht irgendeine Auferstehung, die noch geschehen wird, sondern eine, die gerade jetzt geschieht. Wenn Sie von Ihrer Vergangenheit, von jeder vergehenden Minute, Abschied nehmen könnten, einem Sterben gleich, wären Sie ein ganz vom Leben durchdrungener Mensch, denn ein vom Leben durchdrungener

Mensch ist durchdrungen vom Tod. Immer gibt es für uns ein Sterben, müssen wir etwas zurücklassen, um ganz vom Leben durchdrungen zu werden und um jeden Augenblick aufzuerstehen.

Die Mystiker und Heiligen wie auch andere bemühen sich, die Menschen wach zu machen. Solange sie nicht wach geworden sind, werden sie stets jene anderen kleineren Übel wie Hunger, Krieg und Gewalt haben. Das größte Übel sind Menschen, die schlafen, unwissende Menschen.

Ein Jesuit schrieb einmal an den damaligen Generaloberen des Ordens, Pater Arrupe, einen Brief, in dem er ihn nach dem Wert von Kommunismus, Sozialismus und Kapitalismus fragte. Pater Arrupe gab ihm eine gelungene Antwort, er schrieb: »Ein System ist so gut oder so schlecht wie die Menschen, die darin leben.« Menschen mit einem goldenen Herzen könnten den Kapitalismus, Kommunismus oder Sozialismus gut funktionieren lassen.

Verlangen Sie nicht, dass sich die Welt ändert – ändern Sie sich zuerst. Erst dann werden Sie die Welt gut genug sehen, um all das zu ändern, wovon Sie glauben, dass es verändert werden müßte. Entfernen Sie den Balken aus Ihrem eigenen Auge, um nicht das Recht zu verlieren, etwas oder jemand anderen zu ändern. Solange Sie sich Ihrer nicht bewusst geworden sind, haben Sie kein Recht, bei jemandem oder in der Welt einzugreifen. Wenn Sie versuchen, einen anderen oder etwas anderes zu verändern, solange Sie selbst nicht zur Bewusstheit gefunden haben, besteht die Gefahr, dass Sie etwas zu Ihrem eigenen Vorteil ändern – für Ihren Stolz, Ihre dogmatischen Überzeugungen und Ansichten oder auch nur, um Ihre negativen Gefühle zu mildern. Ich habe negative Gefühle, also änderst du dich besser so, dass ich mich wohlfühlen kann.

Befassen Sie sich zuerst mit Ihren negativen Gefühlen, damit Sie, wenn Sie andere ändern wollen, nicht aus Haß oder Negativität handeln, sondern aus Liebe. Es mag seltsam erscheinen, dass Menschen sehr hart zueinander sein können, und sich dennoch sehr lieben. Der Chirurg kann sehr hart zu einem Patienten sein und dennoch liebevoll. Liebe kann tatsächlich sehr hart sein.

Einsicht und Verständnis

Doch was zieht Selbst-Veränderung nach sich? Ich habe zwar immer und immer wieder davon gesprochen, doch möchte ich nun diese Frage in kleine Abschnitte aufteilen.

Zuerst die Einsicht. Dazu braucht es nicht Anstrengung, nicht Einübung von Verhaltensweisen, nicht Aufstellung eines Ideals. Ideale richten viel Schaden an. Die ganze Zeit konzentriert man sich darauf, was sein sollte, anstatt auf das, was ist. Damit stülpt man das, was sein sollte, einer gegebenen Wirklichkeit über, ohne jemals verstanden zu haben, was die gegebene Wirklichkeit ist.

Ich möchte es Ihnen an einem Beispiel aus meiner eigenen Beratungserfahrung verdeutlichen: Ein Priester besuchte mich und sagte, er sei faul; er wolle fleißiger sein, aktiver, doch er sei faul. Ich fragte ihn, was er unter »faul« verstehe. Früher hätte ich ihm gesagt: »Schauen Sie, warum machen Sie sich keine Liste von allem, was sie an einem Tag erledigen wollen, und haken dann jeden Abend ab. Das wird Ihnen ein gutes Gefühl geben und so zur Gewohnheit werden.« Oder ich hätte ihn gefragt: »Wer ist denn Ihr Vorbild, Ihr Schutzpatron?« Und hätte er geantwortet: Der heilige Franz Xaver, hätte ich ihm gesagt: »Sehen Sie einmal, wie viel Franz Xaver gearbeitet hat. Sie müssen über ihn meditieren, das wird Sie motivieren.«

Das ist eine Weise, so etwas anzugehen, aber ich muss leider sagen: es ist eine oberflächliche Art und Weise. Den Ratsuchenden zu ermuntern, seine Willenskraft und Anstrengung einzusetzen, führt nicht weiter. Sein Verfahren ändert sich vielleicht, er sich selbst jedoch nicht.

Also ging ich nun in die andere Richtung. Ich fragte ihn: »Faul, was ist das? Es gibt zigtausend Arten von Faulheit. Erzählen Sie mir, wie Ihre Faulheit aussieht, beschreiben Sie mir, was Sie mit Faulheit meinen.«

Er antwortete: »Es ist so: Ich bringe nichts zuwege. Ich habe das Gefühl, als täte ich nichts.«

»Meinen Sie, gleich von dem Moment an, da Sie morgens aufstehen?«

»Ja«, sagte er, »ich wache morgens auf und sehe nichts, wofür es sich lohnte aufzustehen.«

»Dann sind Sie also depressiv?«

»So können Sie es nennen«, erwiderte er, »ich habe mich irgendwie zurückgezogen.«

»War das schon immer so?«

»Nein, nicht immer. Früher war ich aktiver. Als ich noch ins Seminar ging, war ich sehr lebendig.«

»Wann fing das also an?«

»Ach, so vor drei oder vier Jahren.«

Ich fragte ihn, ob damals irgend etwas passiert sei. Er dachte eine Weile darüber nach, bis ich wieder begann: »Wenn Sie so lange darüber nachdenken müssen, kann es vor vier Jahren eigentlich nichts Besonderes gegeben haben. Wie war es denn im Jahr davor?«

»Das war das Jahr, in dem ich zum Priester geweiht wurde.«

»Geschah irgend etwas in diesem Jahr?«

»Da gab es nur diese kleine Sache mit der Abschlußprüfung in Theologie – ich bestand sie nicht. Es war etwas enttäuschend für mich, aber ich bin darüber hinweggekommen. Der Bischof hatte vor, mich nach Rom zu schicken, wo ich eventuell im Seminar als Dozent tätig sein sollte. Mir gefiel dieser Gedanke, doch als ich durch die Prüfung fiel, änderte er seine Meinung und schickte mich in diese Gemeinde. Eigentlich war es ein bißchen ungerecht, weil...«

Nun war er plötzlich aufgebracht; da war Ärger, den er nicht bewältigt hatte. Diese Enttäuschung musste er verarbeiten. Es ist nutzlos, ihm eine Predigt zu halten. Es bringt nichts, ihm irgendeinen Plan vorzulegen. Wir müssen ihm helfen, sich seinem Ärger und seiner Enttäuschung zu stellen und zur Einsicht zu kommen. Wenn er das verarbeiten kann, ist er wieder ins Leben zurückgekehrt. Wenn ich ihn tadele und ihm erzähle, wie hart seine verheirateten Brüder und Schwestern arbeiten, wird er sich nur schuldig fühlen. Er hat nicht die Selbst-Einsicht, die ihn heilen wird. Das wäre also das erste.

Die andere große Aufgabe ist das *Verständnis*. Haben Sie wirklich geglaubt, das würde Sie glücklich machen? Sie nahmen nur an, es würde Sie glücklich machen. Warum wollten Sie denn Dozent im Seminar sein? Weil Sie glücklich sein wollten. Sie dachten, dass Professor zu sein, einen bestimmten Status und Prestige zu haben, Sie glücklich macht. Würde es das wirklich? Dazu braucht man Verständnis.

Durch die Unterscheidung zwischen dem »Ich« und dem »Mich« lässt sich viel einfacher abgrenzen, was vor sich geht. Lassen Sie mich das wieder mit einem Beispiel deutlich machen.

Ein junger Jesuitenpater kam zu mir: ein freundlicher, sympathischer, begabter, talentierter, charmanter, liebenswürdiger Mann, der alle Eigenschaften besaß, die man sich nur wünschen kann. Doch hatte er einen merkwürdigen schwachen Punkt: für die Angestellten war er ein Schrecken. Er war sogar dafür bekannt, sie zu beleidigen, was fast zu einer Sache für den Richter wurde. Immer wenn er die Verantwortung für die Sportplätze, die Schule oder was auch immer übertragen bekam, wurde dieses Problem wieder aktuell. Er machte dreißigtägige Exerzitien, die im Jesuitenorden in sogenannten Terziat vorgeschrieben sind. Zu diesen geistlichen Übungen gehört unter anderem die tägliche Betrachtung der Nachsicht und Liebe Jesu gegenüber Unterprivilegierten. Mir war freilich klar, dass dies nichts nutzen würde. Er kam also zurück und zeigte auch für drei oder vier Monate eine Besserung. (Jemand stellte einmal für die meisten Exerzitien fest, dass wir sie im Namen des Vaters, des Sohnes und des heiligen Geistes beginnen, und sie so beenden, wie es war am Anfang, so auch jetzt und allezeit und in Ewigkeit. Amen.) Bald danach war er wieder soweit wie vorher. Wieder kam er zu mir. Zu dieser Zeit war ich aber sehr beschäftigt. Obwohl er von weit hergekommen war, konnte ich ihn nicht empfangen. Ich schlug ihm deshalb vor: »Wenn es Ihnen recht ist, können Sie mich beim Abendspaziergang begleiten, sonst habe ich leider keine Zeit.« Also machten wir einen Spaziergang. Ich kannte ihn bereits, und als wir so dahingingen, regte sich bei mir ein seltsames Gefühl. Wenn ich bei jemandem ein seltsames Gefühl habe, kläre ich das in der Regel gleich mit der oder Betreffenden.

Deshalb fragte ich ihn:»Ich habe das seltsame Gefühl, dass Sie etwas vor mir verbergen. Tun Sie das?«

Er war entrüstet:»Was meinen Sie mit verbergen? Glauben Sie, ich mache diese lange Reise und nehme Ihre Zeit in Anspruch, um etwas vor Ihnen zu verbergen?«

Ich antwortete:»Ich hatte nur dieses seltsame Gefühl, das ist alles; ich dachte, ich sollte das gleich mit Ihnen klären.«

So gingen wir weiter. Nicht weit von unserem Haus gab es einen See. Ich erinnere mich noch genau an diese Szene. Er fragte:»Könnten wir uns irgendwo hinsetzen?« Ich antwortete:»Warum nicht.« Wir setzten uns auf eine kleine Mauer, die den See umsäumt. Er sagte:»Sie haben recht. Ich verberge etwas vor Ihnen.«

Dabei brach er in Tränen aus.»Ich möchte Ihnen jetzt etwas erzählen, was ich noch niemandem erzählt habe, seit ich Jesuit wurde. Mein Vater starb, als ich noch sehr jung war, und meine Mutter musste als Magd arbeiten gehen. Sie musste Waschräume, Toiletten und Badezimmer putzen, und das manchmal sechzehn Stunden am Tag, um das Nötigste für unseren Unterhalt zu verdienen. Ich schäme mich so dafür, dass ich es vor allen verborgen habe, und ich nehme weiter irrationalerweise Rache an ihr und an der ganzen Klasse der Hausbediensteten.«

Das Gefühl wurde übertragen. Niemand konnte verstehen, warum dieser liebenswürdige Mann so handelte, aber in dem Augenblick, da er sein Handeln erkannte, war es mit den Problemen vorbei. Er war in Ordnung.

Nichts erzwingen

Über das Verhalten Jesu zu meditieren und es oberflächlich zu imitieren, hilft nicht weiter. Es geht nicht darum, Christus zu imitieren, sondern darum, das zu werden, was Jesus war. Es geht darum, Jesus zu werden, sich selbst bewusst zu werden, zu verstehen, was in uns vorgeht. Alle anderen Methoden, die wir anwenden, um uns selbst zu verändern, sind so etwas wie einen Wagen anzuschieben. Angenommen, Sie müßten in eine weit entfernte Stadt reisen. Unterwegs hat Ihr Auto eine Panne. Nun, das Auto ist kaputt. Also krempeln wir die Ärmel hoch und fangen an zu schieben. Wir schieben, schieben und schieben, bis wir diese ferne Stadt erreichen. »Gut«, sagen wir, »wir haben es geschafft.« Und dann schieben wir das Auto weiter, den ganzen Weg zur nächsten Stadt! Dort sagen wir: »Wir sind doch angekommen, oder nicht?«

Aber nennen Sie so etwas Leben? Wissen Sie, was Sie brauchen? Sie brauchen einen Fachmann, einen Mechaniker, der einmal die Motorhaube öffnet und die Zündkerzen überprüft. Sie drehen den Zündschlüssel, und der Motor läuft. Sie brauchen den Fachmann – Sie brauchen Verständnis, Einsicht, Bewusstsein – kein Schieben und Erzwingen, Sie brauchen keine Angstrengung.

Deswegen sind die Menschen so müde und erschöpft. Sie und ich wurden dazu erzogen, mit uns selbst unzufrieden zu sein. Daher rührt das Übel – psychologisch gesehen. Wir sind immer unzufrieden, unbefriedigt, wir wollen immer alles erzwingen. Mach weiter, strenge dich noch mehr an, und noch mehr. Doch dabei gibt es immer diesen inneren Konflikt; da ist sehr wenig Verständnis.

Wahr werden

Einen meiner Glückstage erlebte ich in Indien. Es war ein ganz besonderer Tag – der Tag nach meiner Priesterweihe. Ich saß im Beichtstuhl. In unserer Gemeinde gab es einen heiligmäßigen Jesuitenpater, einen Spanier, den ich schon kannte, bevor ich ins Noviziat eintrat. Am Tag vor dem Eintritt ins Noviziat dachte ich, es wäre besser, mit allem reinen Tisch zu machen, so dass ich dann ordentlich und sauber beginnen könnte und meinem Oberen nichts beichten bräuchte. Vor dem Beichtstuhl dieses alten spanischen Priesters stand ständig eine lange Schlange von Leuten. Der Pater bedeckte seine Augen immer mit einem lilafarbenen Taschentuch, murmelte etwas, gab einem die Buße auf und schickte einen fort. Er hatte mich erst ein paarmal gesehen, redete mich aber mit meinem Vornamen Anthony an. So stellte ich mich ans Ende der Schlange, und als ich an der Reihe war, versuchte ich, beim Sündenbekenntnis die Stimme zu verstellen. Er hörte mich geduldig an, erteilte mir Buße und Lossprechung und sagte dann: »Anthony, wann trittst du eigentlich ins Noviziat ein?«

Jedenfalls besuchte ich am Tag nach meiner Priesterweihe diesen Pater. Dabei fragte mich der alte Priester: »Möchtest du gerne Beichte hören?«

»Ja, gerne.«

»Komm und setze dich in meinen Beichtstuhl.«

Ich dachte: »O, ich bin ein heiliger Mann. Ich werde in seinem Beichtstuhl sitzen.«

Ich hörte drei Stunden lang Beichte. Es war Palmsonntag und der

Andrang vor Ostern groß. Als ich den Beichtstuhl verließ, war ich niedergeschlagen – nicht davon, was ich gehört hatte, denn ich war darauf vorbereitet worden, und mit einer dunklen Ahnung von dem, was in meinem eigenen Herzen vorging, konnte mich nichts schockieren.

Wissen Sie, was mich so deprimierte? Ich merkte, dass ich allen die beichteten, diese kleinen frommen Allgemeinheiten vortrug: »Beten Sie zur Heiligen Gottesmutter, sie liebt Sie«, und: »Denken Sie daran, dass Gott zu Ihnen hält.«

Waren diese frommen Plattheiten eine Rettung vor Krebs? Und das ist Krebs, mit dem ich es zu tun habe, der Mangel an Bewusstsein und Wirklichkeit. An jenem Tag schwor ich mir einen großen Eid: »Ich werde lernen – ich werde lernen, damit mir dann niemand sagen kann: »Pater, was Sie mir sagten, war absolut richtig, aber völlig nutzlos.«

Bewusstsein, Einsicht. Wenn Sie Fachmann bzw. Fachfrau werden (und das werden Sie bald), brauchen Sie keinen Kurs in Psychologie zu besuchen. Wenn Sie anfangen, sich selbst zu beobachten, auf sich selbst zu achten, diese negativen Gefühle zu fassen, werden Sie Ihre eigene Art finden, es zu erklären. Sie werden die Veränderung bemerken. Doch dann werden Sie es mit diesem großen Bösewicht zu tun bekommen, der Selbstverachtung, Selbsthass und Unzufriedenheit-mit-sich-Selbst heißt.

Verschiedene Bilder

Sprechen wir doch noch etwas über die Mühelosigkeit bei der Veränderung. Ich habe mir dafür ein schönes Bild ausgedacht: ein Segelboot. Wenn ein starker Wind die Segel bläht, gleitet das Boot so mühelos dahin, dass der Kapitän weiter nichts zu tun hat als zu lenken. Es bedarf keiner Anstrengung, er drängt das Boot nicht vorwärts. Dies ist ein Bild für das, was geschieht, wenn Veränderung durch Bewusstheit eintritt, durch Verstehen.

Beim Blättern in meinen Aufzeichnungen stieß ich auf ein paar Zitate, die gut hierzu passen. Hören Sie dieses: »Es gibt nichts Grausameres als die Natur. Im ganzen Universum gibt es vor ihr kein Entrinnen. Und doch ist es nicht die Natur, die Schaden zufügt, sondern das eigene menschliche Herz.« – Hat das einen Sinn? Es ist nicht die Natur, die Schaden zufügt, sondern das eigene Herz des Menschen.

Kennen Sie die Geschichte von Paddy, der vom Gerüst fiel und ganz schön hart aufschlug? Man fragte ihn: »Hast du dich beim Sturz verletzt, Paddy?« Worauf er sagte: »Nein, nicht beim Sturz, beim Aufprall.«

Schneidet man Wasser, bleibt das Wasser intakt: schneidet man etwas Festes, geht es entzwei. Sie haben sich feste Einstellungen, feste Illusionen zugelegt; damit stoßen Sie an der Natur an; daher sind Sie verletzt, daher rührt das Leiden.

Noch eine andere schöne Stelle fiel mir auf, die aus einer orientalischen Sage stammt, ich weiß nicht mehr, aus welcher. Genau wie bei der Bibel kommt es nicht auf den Verfasser an, sondern auf das, was gesagt wird. »Ist das Auge nicht versperrt, kann man sehen; ist das Ohr nicht versperrt, kann man hören; ist die Nase nicht versperrt, kann man riechen; ist der Mund nicht versperrt, kann man schmecken; ist der Geist nicht versperrt, wird man weise.«

Die Weisheit findet, wer die Hindernisse abreißt, die man mit seinen Begriffen und seiner Beeinflußbarkeit errichtet hat; Weisheit lässt sich nicht erwerben; Weisheit ist nicht Erfahrung; Weisheit wendet nicht die Illusionen von gestern auf die Probleme von heute an.

Wie mir jemand sagte, als ich vor Jahren in Chicago Psychologie studierte: »Oft sind fünfzig Jahre Erfahrung im Leben eines Priesters ein einziges Jahr Erfahrung, fünfzigmal wiederholt.« Es sind immer dieselben Lösungen, auf die man zurückgreift: so behandelt man einen Alkoholiker; so behandelt man Priester; so geht man mit Ordensschwestern um und so mit Geschiedenen.

Weisheit ist das freilich nicht. Weisheit heißt, ein feines Gespür für *diese* bestimmte Situation zu haben, für *diesen* bestimmten Menschen, ohne sich von Zurückliegendem und Überbleibseln aus der Vergangenheit beeinflussen zu lassen. Es bedeutet etwas ganz anderes als die Leute gewöhnlich meinen.

Noch einen Satz möchte ich hinzufügen: »Ist das Herz nicht versperrt, kann man lieben.« – Nun habe ich so viel über Liebe gesprochen, obwohl ich Ihnen gesagt habe, dass man eigentlich nichts über Liebe sagen kann. Nur über Nichtliebe können wir sprechen, über Sucht. Aber über Liebe selbst lässt sich ausdrücklich nichts sagen.

Über Liebe lässt sich nichts sagen

Wie würde *ich* Liebe beschreiben? Dazu möchte ich mit Ihnen eine Meditation aus einem meiner Bücher machen. Ich lese Ihnen den Text langsam vor, und Sie meditieren darüber, während wir weitermachen, ich halte mich an die Kurzform, für die drei oder vier Minuten genügen. Es ist ein Kommentar zu einem Satz aus dem Evangelium. Ich hatte über einen anderen Text, einen Satz von Plato, nachgedacht: »Aus einem freien Menschen wird kein Sklave, denn ein freier Mensch ist auch im Gefängnis frei.« Dieser Satz gleicht dem Wort aus dem Evangelium: »Sollst du eine Meile gehen, dann gehe zwei.«

Du glaubtest, du hättest aus mir einen Sklaven gemacht, indem du mir eine Last auf die Schultern geladen hast; das hast du aber nicht. Wer die äußerliche Wirklichkeit dadurch zu verändern sucht, dass er aus dem Gefängnis flieht, um frei zu sein, ist tatsächlich ein Gefangener. Freiheit ist nicht in äußeren Umständen begründet; Freiheit wohnt im Herzen. – Wer kann Sie versklaven, wenn Sie Weisheit gefunden haben?

Hören Sie also den Satz aus dem Evangelium, an den ich vorhin dachte: »Er schickte die Menschen fort. Danach ging er auf einen Berg, um allein zu beten. Es wurde spät, und er war dort ganz allein.«

Darum geht es bei der Liebe. Kam Ihnen schon einmal der Gedanke, dass man nur lieben kann, wenn man allein ist? Was bedeutet es zu lieben? Es bedeutet, einen Menschen, eine Situation, eine Sache so zu sehen, wie sie wirklich ist, und nicht, wie man sie sich vorstellt; darauf die Erwiderung zu geben, die sie verdient. Was man nicht einmal sieht, lässt sich schwerlich lieben. Doch was hindert uns am Sehen? Unsere Beeinflußbarkeit, unsere Begriffe, unsere Kategorien, unsere Vorurteile, unsere Erwartungen, die Etiketten, die wir aus unserer Kultur und unseren früheren Erfahrungen übernommen haben. Sehen ist etwas vom Schwierigsten, was ein Mensch leisten kann, denn man braucht dazu einen disziplinierten, wachen Geist. Aber viele geben lieber einer geistigen Trägheit nach, als sich die Mühe zu machen, jeden einzelnen zu sehen, jedes Ding, wie es sich im gegenwärtigen Augenblick darbietet.

Die Kontrolle verlieren

Wenn Sie verstehen möchten, was Kontrolle heißt, stellen Sie sich einmal ein kleines Kind vor, das Drogen probieren darf. Sobald die Droge im Körper des Kindes ist, wird es süchtig; sein ganzes Sein schreit nach der Droge. Ohne Droge zu sein, ist eine so unerträgliche Qual, dass sogar der Tod besser erscheint. Denken Sie an dieses Bild: der Körper wurde drogensüchtig.

Genau das hat die Gesellschaft mit Ihnen gemacht, als Sie auf die Welt kamen. Sie durften nicht die feste, stärkende Nahrung des Lebens genießen – nämlich Arbeit, Spiel, Spass, Lachen, Zusammensein mit anderen, die Freuden der Sinne und des Geistes. Sie durften von der Droge probieren, die Anerkennung, Wertschätzung und Ansehen heißt.

Ich möchte hier einen angesehenen Autor zitieren, A. S. Neill, der das Buch »Summerhill« schrieb. Neill sagt: Wenn ein Kind ständig an seinen Eltern hängt, ist dies ein Zeichen dafür, dass es krank ist; es interessiert sich für Menschen. Ein gesundes Kind interessiert sich nicht für Menschen, es interessiert sich für Dinge. Wenn sich ein Kind der Liebe der Eltern sicher ist, vergißt es die Eltern; es geht hinaus und erkundet die Welt; es ist neugierig. Es findet einen Frosch und steckt ihn in den Mund – oder etwas Ähnliches. Es ist ein schlechtes Zeichen, wenn ein Kind an seiner Mutter hängt, dann ist es unsicher. Vielleicht hat seine Mutter versucht, Liebe aus ihm herauszupressen, und ihm nicht all die Freiheit und Sicherheit gegeben, die es braucht. Seine Mutter hat immer auf sehr subtile Weise gedroht, es zu verlassen.

So konnten wir an verschiedenen Arten von Sucht Geschmack finden: Anerkennung, Aufmerksamkeit, Erfolg, die Spitze zu erreichen, Prestige, in der Zeitung zu stehen, Chef zu sein. Wir haben an Dingen, wie Gruppenführer zu sein, Bandleader zu sein und so weiter, Geschmack gefunden. Indem wir daran Geschmack fanden, wurden wir süchtig danach und begannen, uns davor zu fürchten, diese Dinge zu verlieren. Erinnern Sie sich an das Gefühl, die Kontrolle verloren zu haben, das Gefühl von Panik, wenn Versagen drohte und Fehler unvermeidlich schienen, wenn Sie Kritik von anderen erwarteten. So wurden Sie feige und von anderen abhängig und verloren Ihre Freiheit. Andere haben nun die Macht, Sie glücklich oder unglücklich zu machen. Sie brauchen dringend Ihre Drogen, aber so sehr Sie auch das Leid, das sie nach sich ziehen, hassen, erkennen Sie zugleich Ihre völlige Hilflosigkeit. Keine Minute, in der Sie sich nicht, bewusst oder unbewusst, der Reaktionen anderer bewusst sind oder sich ihnen anpassen, nach deren Pfeife tanzen.

Eine schöne Definition eines erwachten Menschen ist: ein Mensch, der nicht mehr nach der Pfeife der Gesellschaft tanzt, ein Mensch, der zu der Musik tanzt, die aus ihm selbst kommt. Wer ignoriert wird oder wer sich abgelehnt fühlt, erfährt eine so unerträgliche Einsamkeit, dass er zu den anderen zurückkriecht und um die wohltuende Droge fleht, die Unterstützung, Ermutigung und Bestätigung heißt. So mit anderen zu leben, bringt endlose Anspannung mit sich. »Die Hölle, das sind die anderen«, sagt Sartre. Das ist nur zu wahr. Wenn Sie in solcher Abhängigkeit leben, müssen Sie sich stets von Ihrer besten Seite zeigen; nie können Sie ungezwungen sein; Sie müssen Erwartungen erfüllen.

Mit anderen zu leben, heißt in Anspannung zu leben. Ohne die anderen zu leben, zieht die Agonie der Einsamkeit nach sich, weil Sie die Menschen vermissen. Sie haben die Fähigkeit verloren, sie so zu sehen, wie sie sind, und angemessen auf sie einzugehen, da Ihre Wahrnehmung durch den Drang nach der Droge getrübt wird. Sie sehen sie nur unter dem Blickwinkel, ob sie Ihnen helfen, Ihre Droge zu bekommen, oder ob sie Ihnen die Droge nehmen könnten. Bewusst oder unbewusst betrachten Sie die anderen immer mit diesen Augen: Werde ich von Ihnen bekommen, was ich will, oder werde ich es nicht bekommen? Und können sie mir weder helfen noch mich bedrohen, interessieren sie mich nicht. Es ist schlimm, das sagen zu müssen, aber ich frage mich, für wen von uns das nicht gelten könnte.

Dem Leben lauschen

Sie brauchen also Bewusstheit und Nahrung. Sie brauchen kräftige, gesunde Nahrung. Lernen Sie, die stärkende Nahrung des Lebens zu genießen: gutes Essen, guten Wein, gutes Wasser. Probieren Sie es! Vergessen Sie einmal Ihren Geist und finden Sie Ihre Sinne. Das ist gute, gesunde Nahrung. Die Freuden der Sinne, aber auch die Freuden des Geistes. Wenn Sie zum Beispiel ein gutes Buch genießen oder eine spannende Diskussion erleben oder einfach nachdenken. Es ist großartig! Doch leider haben sich die Menschen irgendwie verrannt, sie werden immer abhängiger, da sie die schönen Dinge des Lebens nicht zu genießen verstehen. So verlangen sie nach immer stärkeren künstlichen Aufputschmitteln.

In den siebziger Jahren appellierte Präsident Carter an die Amerikaner, den Gürtel enger zu schnallen. Dabei dachte ich mir: Er sollte nicht an sie appellieren, mehr zu sparen, sondern sie daran erinnern, das, was sie haben, mehr zu genießen. Viele haben es verlernt, etwas zu genießen. Ich glaube, die meisten Menschen in reichen Ländern haben das verlernt. Sie brauchen immer teurere technische Spielereien, sie können sich nicht an den einfachen Dingen des Lebens erfreuen. Wohin man geht, ob im Supermarkt oder in Wartesälen, ertönt die schönste Musik, aber ich habe noch keinen getroffen, der ihr je gelauscht hätte – keine Zeit, keine Zeit. Sie sind schuldig, sie haben keine Zeit, das Leben zu genießen. Sie sind überlastet: weiter, weiter.

Wenn Sie das Leben und die einfachen Sinnesfreuden wirklich genießen würden – Sie wären überrascht. Sie würden die außergewöhnliche Disziplin eines Tieres entwickeln. Ein Tier ißt niemals zuviel, in seiner natürlichen Umgebung wird es nie zu dick. Es wird niemals etwas essen oder trinken, das seiner Gesundheit schaden könnte. Sie würden nie ein Tier Zigaretten rauchen sehen. Es bewegt sich soviel, wie es braucht – beobachten Sie einmal Ihre Katze nach ihrer Mahlzeit, sehen Sie, wie sie sich ausruht und wie sie mit einem Sprung wieder in Aktion ist, sehen Sie, wie geschmeidig ihre Glieder und wie lebendig ihr Körper ist. Das haben wir verloren. Wir sind nur noch kopfgesteuert, haben uns in unseren Ideen und Idealen verloren, und ständig heißt es: weiter, weiter. Auch stehen wir in einem inneren Konflikt, den Tiere nicht haben. Wir machen uns selbst immer wieder Vorwürfe und plagen uns mit Schuldgefühlen. Sie werden wissen, wovon ich spreche.

Was vor Jahren ein Freund zu mir sagte, hätte ich auch von mir selbst sagen können: Nimm doch diese Schachtel Pralinen weg, denn eine Schachtel Pralinen raubt mir meine Freiheit. Das galt ebenso für mich: Ich verlor meine Freiheit angesichts aller möglichen Dinge, aber das ist jetzt vorbei! Ich brauche nicht viel und genieße es dafür um so intensiver. Wenn man etwas intensiv genossen hat, braucht man davon sehr wenig. Wie Leute, die eifrig ihren Urlaub planen: sie treffen monatelang Reisevorbereitungen, und sind sie dann schließlich an Ort und Stelle, geht es ihnen nur noch darum, ob die Plätze für den Rückflug gebucht sind. Sie fotographieren viel, und später werden sie die Fotos in einem Album vorzeigen – Fotos von Orten, die sie nie wirklich gesehen, sondern nur festgehalten haben. Ein Symbol unseres modernen Lebens.

Vor dieser Art von Askese kann ich Sie nicht genug warnen. Schalten Sie herunter: schmecken Sie, riechen Sie, hören Sie, lassen Sie Ihre Sinne aufleben. Wenn Sie den königlichen Weg zur Mystik suchen, setzen Sie sich in Ruhe hin, und lauschen Sie allen Klängen um sich herum. Konzentrieren Sie sich nicht nur auf einen einzigen Klang; versuchen Sie, alle zu hören. Sie werden reine Wunder erleben, wenn Ihre Sinne sich entfalten. Das ist für den Prozeß der Veränderung überaus wichtig.

Das Ende aller Analyse

Ich möchte Ihnen eine Idee vom Unterschied zwischen Analyse und Bewusstheit oder Kenntnis auf der einen und Einsicht auf der anderen Seite geben. Kenntnis ist nicht Einsicht, Analyse nicht Bewusstheit, Wissen ist nicht Bewusstheit.

Angenommen, ich käme in diesen Raum, eine Schlange würde sich um meinen Arm winden, und ich würde sagen: »Sehen Sie diese Schlange, wie sie sich um meinen Arm windet? Ich habe eben in einem Lexikon nachgeschlagen und festgestellt, dass es sich hier um eine Russellsche Viper handelt. Beißt sie mich, bin ich innerhalb einer halben Minute tot. Könnten Sie mir freundlicherweise einen Rat geben, wie ich dieses Tier loswerden kann?«

Wer redet schon so? Ich habe zwar von etwas Kenntnis genommen, ohne es mir jedoch bewusst gemacht zu haben.

Oder ich zerstöre mich selbst mit Alkohol. »Könnten Sie mir freundlicherweise sagen, wie ich mich von dieser Sucht befreien kann?« Wer so fragt, spricht ohne Bewusstheit. Er weiß, dass er sich selbst zerstört, ist sich dessen aber nicht bewusst. Wäre er sich dessen bewusst, wäre er in derselben Minute von der Sucht befreit. Wäre mir bewusst, um was für eine Schlange es sich handelt, würde ich sie nicht von meinem Arm schütteln; sie würde durch mich abgeschüttelt werden.

Das ist die Veränderung, die ich meine. Sie ändern sich nicht selbst: das »Mich« ändert das »Mich« nicht.

Veränderung geschieht durch Sie, in Ihnen. Passender kann ich es nicht ausdrücken. Sie sehen, wie die Veränderung in Ihnen stattfindet, durch Sie, sie geschieht in Ihrer Bewusstheit. Sie leisten sie nicht aktiv. Tun Sie das, ist es ein schlechtes Zeichen, denn es wird nicht von Dauer sein. Falls es doch andauern sollte, möge Gott Erbarmen mit den Menschen haben, mit denen Sie zusammenleben, denn Sie werden sehr unnachgiebig werden. Mit Menschen, die aufgrund von Selbsthaß und Unzufriedenheit mit sich selbst zum Glauben gefunden haben, kann man unmöglich zusammenleben. Wie mir einmal jemand sagte: »Um Märtyrerin zu werden, muss man nur einen Heiligen heiraten.« In der Bewusstheit aber bewahren Sie Ihre Sanftheit, Ihre Sensibilität, Ihre Freundlichkeit, Ihre Offenheit, Ihre Nachgiebigkeit, Sie erzwingen nichts, die Veränderung geschieht einfach.

Ich erinnere mich an einen Priester in Chicago, den ich während meines Psychologiestudiums kennenlernte. Er sagte uns: »Wissen Sie, ich hatte alle Information, die ich brauchte. Ich wusste, dass der Alkohol mich umbringen würde, aber glauben Sie mir, nichts kann einen Alkoholiker ändern – nicht einmal die Liebe seiner Frau und seiner Kinder. Er liebt sie, aber das ändert ihn nicht. Ich entdeckte etwas, was mich veränderte. Eines Tages lag ich bei Nieselregen in der Gosse. Ich öffnete meine Augen und erkannte, dass mich das umbringen würde. Ich sah es und verspürte den Wunsch nie mehr, einen Tropfen anzurühren. Ich habe später sogar ab und zu etwas getrunken, aber nie so viel, dass es mir hätte schaden können. Ich konnte es nicht, und ich kann es immer noch nicht.« – Das meine ich: Bewusstheit. Nicht Wissen, sondern Bewusstheit.

Ein Freund von mir, der ein sehr starker Raucher war, sagte einmal: »Über das Rauchen gibt es doch alle möglichen Witze. Man erzählt uns, dass Rauchen uns umbringt, aber sieh dir doch die alten

Ägypter an; sie sind samt und sonders tot, und kein einziger hat geraucht.« Eines Tages bekam er Probleme mit seiner Lunge und musste sich im Krebsforschungszentrum in Bombay untersuchen lassen. Der Arzt sagte:»Pater, Sie haben zwei Schatten auf der Lunge, das könnte Krebs sein. In vier Wochen möchte ich Sie wiedersehen.« Seitdem hat er keine einzige Zigarette mehr angerührt. Vorher *wusste* er, dass Rauchen tödlich sein kann, nachher war er sich dessen *bewusst*. Das ist der Unterschied.

Der Gründer des Jesuitenordens, der heilige Ignatius von Loyola, verwendet einen schönen Ausdruck dafür. Er nennt es, die Wahrheit schmecken und fühlen – nicht sie wissen, sondern schmecken und fühlen, ein Gefühl für sie bekommen. Wenn Sie ein Gefühl für sie bekommen haben, ändern Sie sich. Wenn Sie sie in Ihrem Kopf wissen, nicht.

Vor uns der Tod

Ich habe schon bei mancher Gelegenheit gesagt, dass der Weg zu wirklichem Leben Sterben ist. Eine Hinführung zum Leben ist, sich vorzustellen, man läge im eigenen Grab: Sie sehen sich darin liegen, in der Haltung, die Ihnen am besten erscheint. In Indien setzt man die Toten mit gekreuzten Beinen hin. Oft trägt man sie so zur Verbrennung, oft werden sie aber auch hingelegt. Stellen Sie sich also vor, Sie liegen ausgestreckt im Sarg und sind tot. Aus dieser Perspektive betrachten Sie nun Ihre Probleme. Alles sieht auf einmal ganz anders aus, oder?

Das ist eine schöne Meditation, die Sie jeden Tag, wenn Sie die Zeit haben, machen sollten. Es ist unglaublich, aber Sie werden lebendig werden. In meinem Buch »Dass ich sehe. Meditationen des Lebens« gibt es dazu eine ähnliche Meditation:

Um das Leben zu sehen, wie es wirklich ist, hilft nichts so sehr wie die Tatsache des Todes.

Ich schaue in mein Grab hinein und finde eine Handvoll Staub und zerbröckelte Knochen im Sarg.

Meine Augen bleiben an diesem Staub hängen, und ich denke an mein Leben zurück:

Erfolge und Tragödien ...

Ängste und Freuden ...

Mühen, Konflikte ...

Bestrebungen und Wunschträume ...

Liebe und Abneigung ...

all das, was mein Leben ausgemacht hat.

Und all das ist nun vom Wind verweht, vom Universum verschlungen ... Nur noch ein wenig Staub ist übriggeblieben als Zeichen, dass es einmal etwas gegeben hat: mein Leben.

Wie ich so diesen Staub betrachte, kommt es mir vor, als fiele eine schwere Last von meinen Schultern: die Last meiner Einbildung, etwas zu bedeuten ...

Dann blicke ich auf und betrachte die Welt um mich: die Bäume, die Vögel, die Erde, die Sterne, den Sonnenschein, den Schrei eines Säuglings, einen vorüberfahrenden Zug, die eilenden Wolken, den Tanz des Lebens und des Universums ... und ich weiß, dass in allem irgendwo die Überreste jenes Menschen sind, den ich »Ich« genannt habe, und jenes Leben, welches das meine war.

Sooft ich diese Meditation vortrage, sagen die Leute: »Wie bedrückend!«

Doch was ist denn daran so bedrückend? Die Wirklichkeit, um Himmels willen! Viele wollen freilich die Wirklichkeit nicht sehen und nicht an den Tod denken. Die Menschen leben nicht, die meisten leben nicht, sondern erhalten nur ihren Körper am Leben. Das ist kein Leben. Sie fangen erst dann an zu leben, wenn es Ihnen einerlei ist, ob Sie leben oder sterben. Erst dann leben Sie. Wenn Sie dazu bereit sind, Ihr Leben zu verlieren, leben Sie. Wenn Sie Ihr Leben aber abschirmen, sind Sie tot. Wenn Sie da oben auf dem Dachboden sitzen, und ich sage:»Kommen Sie doch herunter!« Und Sie antworten:»O nein, ich habe gelesen, dass Leute eine Treppe hinuntergegangen und ausgerutscht sind und sich das Genick gebrochen haben; das ist zu gefährlich.«

Oder ich kann Sie nicht dazu bewegen, über die Straße zu gehen, weil Sie sagen:»Sie wissen wohl nicht, wie viele Leute schon überfahren wurden, als sie über die Straße gingen?« Wenn ich Sie nicht dazu bringen kann, eine Straße zu überqueren, wie kann ich Sie dann dazu bewegen, einen Kontinent zu überqueren? Und wenn ich Sie nicht dazu bewegen kann, über Ihren Tellerrand von Ansichten und Überzeugungen hinaus in eine andere Welt zu blicken, sind Sie tot, unweigerlich tot; das Leben ist an Ihnen vorbeigegangen. Sie sitzen in Ihrem kleinen Gefängnis und fürchten sich, Sie könnten Ihren Gott verlieren, Ihre Religion, Ihre Freunde, wer weiß, was noch.

Das Leben ist eines für Spieler. Genau das sagte Jesus. Sind Sie bereit, das Risiko einzugehen? Wissen Sie, wann Sie bereit dazu sind? Wenn Sie das herausgefunden haben, wenn Sie wissen, dass das, was man Leben nennt, nicht wirkliches Leben ist. Die Menschen meinen fälschlicherweise, Leben bedeute, seinen Körper am Leben zu erhalten. Lieben Sie also den Gedanken an den Tod. Kommen Sie immer und immer wieder auf ihn zurück. Denken Sie an die Schönheit dieser Leiche, dieses Skeletts, dieser Knochen, wie sie zerfallen, bis nur noch eine Handvoll Staub von Ihnen bleibt. Dann werden Sie sehr erleichtert sein. Mag sein, dass manche dies alles von sich weisen. Sie fürchten jeden Gedanken daran. Dabei ist es sehr erleichternd, aus dieser Perspektive auf sein Leben zu blicken.

Oder besuchen Sie einen Friedhof. Es ist eine überaus läuternde und tiefe Erfahrung. Sie entdecken einen Namen und sagen sich: »Ach, vor so langer Zeit hat er gelebt, vor zwei Jahrhunderten! Ihn müssen dieselben Probleme geplagt haben wie mich, er muss manch schlaflose Nacht gehabt haben. Es ist seltsam, wir leben nur so kurze Zeit.«

Ein italienischer Dichter sagte: »Wir leben in einem kurzen Aufblitzen von Licht; der Abend kommt, und es ist für immer Nacht.« Es ist nur ein Aufblitzen, und wir nutzen es nicht. Wir vertun es mit unserer Furcht, unseren Sorgen, unseren Bedenken, unseren Belastungen. Versuchen Sie es mit dieser Meditation, können Sie am Ende Informationen gewonnen haben – oder Bewusstheit. Und in diesem Moment des Bewusstwerdens sind Sie neu. Zumindest so lange es anhält. Dann werden Sie den Unterschied zwischen Information und Bewusstheit erfahren.

Ein befreundeter Astronom erzählte mir neulich ein paar grundlegende Dinge aus der Astronomie. Ich hatte zum Beispiel nicht gewusst, dass man die Sonne dort sieht, wo sie vor achteinhalb Minuten stand, und nicht an der Stelle, wo sie jetzt steht. Denn ein Sonnenstrahl braucht achteinhalb Minuten, um zu uns zu kommen.

Man sieht sie also nicht, wo sie steht; sie ist jetzt schon woanders. Auch die Sterne sandten ihr Licht vor Hunderten und Tausenden von Jahren zu uns. Sie können also ganz woanders sein als dort, wo wir sie sehen. Mein Freund sagte: Wenn wir uns eine Galaxie vorstellen, ein ganzes Universum, wäre unsere Erde ein verlorener Punkt am hinteren Ende der Milchstraße; noch nicht einmal in der Mitte. Und jeder der Sterne ist eine Sonne, und einige dieser Sonnen sind so groß, dass unsere Sonne und unsere Erde samt dem Raum zwischen ihnen in sie hineinpassen würden. Nach vorsichtiger Schätzung gibt es hundert Millionen Galaxien! Soweit man weiß, dehnt sich das Universum mit einer Geschwindigkeit von zwei Millionen Meilen in der Sekunde aus.

Ich hatte ihm fasziniert zugehört, und als wir das Restaurant verließen, in dem wir gesessen hatten, blickte ich nach oben und hatte ein anderes Gefühl, eine andere Sicht des Lebens. Das ist Bewusstwerden. Entweder Sie nehmen das alles als nüchterne Fakten hin (das ist dann Information), oder Sie haben auf einmal eine andere Sicht des Leben – was sind wir, was ist dieses Universum, was ist das menschliche Leben? Haben Sie dieses Gefühl, so ist es das, was ich mit Bewusstheit meine.

Das Land der Liebe

Würden wir uns wirklich keinen Illusionen mehr darüber hingeben, was die Menschen uns geben oder nehmen können, wären wir wachsam. Tun wir das nicht, hat das schlimme und unausweichliche Folgen: Wir verlieren unsere Fähigkeit zu lieben. Wollen Sie lieben, müssen Sie lernen, wieder zu sehen. Wollen Sie sehen, müssen Sie lernen, Ihre Droge aufzugeben. So einfach ist das. Geben Sie Ihre Abhängigkeit auf. Lösen Sie sich aus den Fangarmen der Gesellschaft, die Ihr Leben umschlingen und ersticken. Befreien Sie sich von diesen Fesseln. Nach außen wird alles so weitergehen wie bisher; wenn Sie auch noch immer in der Welt leben werden, werden Sie kein Teil mehr von ihr sein. In Ihrem Herzen werden Sie nun endlich frei sein, wenn auch ganz und gar allein. Die Abhängigkeit von Ihrer Droge wird sich verlieren. Sie müssen nicht ins Exil gehen; Sie können mitten unter den Menschen sein und ihre Gegenwart genießen. Aber andere besitzen nicht mehr die Macht, Sie glücklich oder unglücklich zu machen. Das heißt Alleinsein. In dieser Abgeschiedenheit verlieren sich Ihre Abhängigkeiten, und Sie gewinnen die Fähigkeit zu lieben. Man betrachtet die anderen nicht mehr als Mittel der Befriedigung seiner eigenen Sucht.

Nur wer dies versucht hat, kennt die Schrecken dieses Prozesses. Es ist, als fordere man sich selbst zum Sterben auf, als verlange man von einem bedauernswerten Drogensüchtigen, auf das einzige Glück zu verzichten, das er je erfahren hat. Wie kann es der Geschmack eines frischen Brotes, duftenden Obstes und der reine Duft der Morgenluft, die Frische einer klaren Gebirgsquelle ersetzen? Während er mit Entzugserscheinungen und der Leere kämpft, erfährt er nun, dass die Droge nicht mehr da ist – nichts außer seiner Droge kann diese Leere ausfüllen.

Können Sie sich ein Leben vorstellen, bei dem Sie sich weigern, sich auch nur über ein einziges Wort der Anerkennung zu freuen oder sich an jemand anzulehnen? Stellen Sie sich ein Leben vor, in dem Sie von niemandem gefühlsmäßig abhängen, so dass niemand mehr die Macht hat, Sie glücklich oder verzagt zurückzulassen. Sie weigern sich, einen bestimmten Menschen zu *brauchen*, oder einem anderen Menschen etwas Besonderes zu bedeuten, oder ihn gar Ihr eigen zu nennen.

Die Vögel des Himmels werden ihre Nester und die Füchse ihre Höhle haben, Sie aber werden keinen Platz haben, an dem Sie Ihr Haupt auf der langen Reise des Lebens niederlegen können. Wenn Sie das erreichen, werden Sie endlich wissen, was es bedeutet, eine Sichtweise zu haben, die klar und frei von Furcht oder Verlangen ist. Jedes Wort ist dann wohlüberlegt. *Endlich eine Sichtweise haben, die klar und frei von Furcht oder Verlangen ist.* Sie werden wissen, was es heißt zu lieben. Um aber ins Land der Liebe zu gelangen, müssen Sie die Schmerzen des Todes durchmachen, denn Menschen zu lieben, heißt, das Bedürfnis nach ihnen ersterben zu lassen und ganz allein zu sein.

Wie können Sie jemals soweit kommen? Durch unablässiges Bewusstwerden, durch unendliche Geduld und Mitleid, das Sie einem Drogenabhängigen entgegenbrächten. Dadurch, dass Sie einen Geschmack für die guten Dinge des Lebens entwickeln, um dem Verlangen nach der Droge zu begegnen.

Was sind diese guten Dinge? Die Liebe zur Arbeit, die Sie um ihrer selbst Willen tun; die Liebe zu froher Unterhaltung und Vertrautheit mit Menschen, an die Sie sich nicht anklammern, und von denen Sie mit Ihren Gefühlen nicht abhängen, sondern deren Gesellschaft Sie einfach erfreut. Es hilft auch, wenn Sie etwas mit *ganzem Herzen* machen, Tätigkeiten, die Sie so gerne tun, dass Ihnen dabei Erfolg, Anerkennung und Billigung einfach nicht in den Sinn kommen. Es wird auch helfen, zur Natur zurückzukehren. Halten Sie sich von den Menschenscharen fern, gehen Sie in die Berge, halten Sie mit Bäumen, Blumen, Tieren und Vögeln, mit dem Meer, den Wolken, dem Himmel und den Sternen stille Zwiesprache.

Ich habe Ihnen schon gesagt, dass es eine wichtige geistliche Übung ist, über Dinge staunen zu können, sich der Dinge um einen herum bewusst zu sein. Dann werden sich die Wörter und Begriffe hoffentlich verlieren, Sie werden sehen und den Kontakt zur Wirklichkeit finden. Das ist die Kur gegen Einsamkeit. Gewöhnlich versuchen wir, unsere Einsamkeit dadurch zu heilen, dass wir unsere Gefühle von anderen abhängig machen, dass wir Geselligkeit und Lärm suchen. Das ist keine Heilung. Kehren Sie zu den Dingen zurück, kehren Sie zur Natur zurück, gehen Sie in die Berge. Dann werden Sie erfahren, dass Ihr Herz Sie in die weite Wüste der Abgeschiedenheit gebracht hat, wo niemand mehr an Ihrer Seite ist, absolut niemand.

Zuerst wird es Ihnen unerträglich erscheinen. Aber nur deshalb, weil Sie das Alleinsein nicht gewöhnt sind. Wenn Sie es schaffen, dort eine Weile zu bleiben, wird die Wüste mit einem Mal in Liebe erblühen. Ihr Herz wird von Freude erfüllt sein und singen. Es wird für immer Frühling sein; die Droge wird verbannt sein: Sie sind frei. Dann werden Sie verstehen, was Freiheit ist, was Liebe ist, was Glück ist, was die Wirklichkeit ist, was die Wahrheit ist, was Gott ist. Sie werden sehen, Sie werden mehr erfahren als Begriffe, Voreingenommenheit, Abhängigkeit und an etwas zu hängen. Können Sie das nachvollziehen?

Ich kann Ihnen dazu noch eine nette Geschichte erzählen: Es war einmal ein Mann, der erfand die Kunst des Feuermachens. Er nahm seine Werkzeuge und wanderte zu einem Stamm im Norden, wo es sehr kalt war, bitterkalt. Dort lehrte er die Menschen, Feuer zu machen. Die Menschen waren auch sehr daran interessiert. Er zeigte ihnen, wozu das Feuer alles gut sein konnte – zum Kochen, zum Sich-Wärmen und anderes mehr. Sie waren sehr dankbar, dass sie die Kunst des Feuermachens gelernt hatten. Doch bevor sie ihm ihren Dank aussprechen konnten, verschwand er. Ihm lag nicht an ihrer Anerkennung oder ihrem Dank; ihm lag an ihrem Wohlergehen.

So ging er zu einem anderen Stamm, dem er wiederum zeigte, wie nützlich seine Erfindung war. Die Menschen dort interessierte das ebensosehr, ein bißchen zu sehr für den Geschmack ihrer Priester, denen nicht verborgen blieb, dass dieser Mann die Scharen auf Kosten ihrer eigenen Beliebtheit anzog. So beschlossen sie, ihn beiseite zu schaffen. Sie vergifteten ihn, kreuzigten ihn, töteten ihn – wie, ist hier nicht weiter wichtig. Doch die Priester bekamen nun

Angst, dass sich die Menschen gegen sie wenden würden. Aber die Priester waren sehr schlau, ja gerissen. Können Sie sich vorstellen, was sie taten? Sie ließen ein Bild des Mannes anfertigen und stellten es auf den größten Altar des Tempels, die Werkzeuge zum Feuermachen legten Sie vor das Bild. Darauf wurden die Leute angeleitet, das Bild zu verehren und sich vor den Werkzeugen zu verbeugen, was sie auch pflichtbewusst Jahrhunderte hindurch taten. Verehrung und Kult gingen weiter, aber das Feuer gab es nicht mehr.

Wo ist das Feuer? Wo ist die Liebe? Wo ist die Droge, die Ihrem Organismus entzogen wurde? Wo ist die Freiheit? Darum geht es bei Spiritualität. Tragischerweise verlieren wir das leicht aus den Augen, oder nicht? Doch das hat Christus eigentlich gemeint. Wir haben das »Herr, Herr« freilich überbetont, nicht wahr? Wo ist das Feuer? Und wenn Gottesdienst nicht zu Feuer und Anbetung nicht zu Liebe führt, wenn die Liturgie nicht zu einer klaren Wahrnehmung der Wirklichkeit führt, wenn Gott nicht zum Leben führt, für was ist Religion dann gut, außer dass sie noch mehr Trennung, Fanatismus und Feindschaft erzeugt.

Nicht an einem Mangel an Religion im gewöhnlichen Sinn des Wortes leidet die Welt, sondern an einem Mangel an Liebe, einem Mangel an Bewusstheit. Liebe wird durch Bewusstheit geweckt und durch nichts anderes sonst. Lernen Sie die Hindernisse verstehen, die Sie der Liebe, der Freiheit und dem Glück in den Weg legen, und sie werden verschwinden. Zünden Sie das Licht der Bewusstheit an und die Dunkelheit ist gebannt. Glück ist nichts, was sich erwerben lässt; Liebe ist nichts, was sich produzieren lässt; Liebe ist nichts, was Sie haben; Liebe ist etwas, was Sie *hat*. Sie besitzen nicht den Wind, die Sterne und den Regen. Sie besitzen dies alles nicht; Sie geben sich ihnen hin. Hingabe entsteht, wenn Sie sich Ihrer Illusionen bewusst sind, wenn Sie sich Ihres Verlangens und Ihrer Furcht bewusst sind.

Wie ich bereits sagte, ist erstens psychologische Einsicht eine große Hilfe, Analyse jedoch nicht; Analysieren paralysiert. Einsicht ist nicht notwendigerweise Analyse. Einer der großen amerikanischen Psychotherapeuten drückte das sehr treffend aus: »Auf den Aha-Effekt kommt es an.« Nur zu analysieren hilft nicht weiter; es liefert nur Information. Wenn Sie es aber zum Aha-Effekt bringen, ist das Einsicht. Das ist Veränderung.

An zweiter Stelle steht das Verständnis Ihrer Sucht. Es ist wichtig und erfordert Zeit. Wieviel Zeit wird doch Andacht und Lobgesang gewidmet, es sollte aber auch Zeit bleiben für die Gewinnung des Selbstverständnisses. Gemeinschaft entsteht nicht durch liturgische Feiern allein. Tief in Ihrem Herzen wissen Sie, so gut wie ich, dass solche Feiern auch dazu dienen können, Meinungsverschiedenheiten zu übertünchen. Gemeinschaft entsteht dadurch, dass wir die Hindernisse erkennen, die wir der Gemeinschaft in den Weg legen; dadurch, dass wir die Konflikte begreifen, die aus unserer Furcht und unserem Verlangen entstehen. Hier entsteht Gemeinschaft. Wir müssen uns immer davor hüten, dass der Gottesdienst zu einer weiteren Ablenkung von der wichtigen Angelegenheit Leben wird. Leben bedeutet nicht, ein Amt in der Regierung zu haben oder ein großer Geschäftsmann zu sein oder spektakuläre Akte der Nächstenliebe zu vollbringen. Leben ist das nicht. Leben ist, alle Hindernisse beiseite gelassen zu haben und den gegenwärtigen Augenblick unverbraucht zu leben. »Die Vögel des Himmels…, sie mühen sich nicht und spinnen nicht« – das ist Leben.

Ich sagte am Anfang, dass die Menschen schlafen, tot sind. Tote in der Regierung, Tote im Wirtschaftsleben, Tote erziehen andere. Werden Sie lebendig! Der Gottesdienst muss genau dazu eine Hilfe sein.

Immer mehr – Sie wissen das so gut wie ich – verlieren wir unsere jungen Menschen. Sie hassen uns; sie sind nicht daran interessiert, noch mehr Furcht und Schuld aufgeladen zu bekommen. Sie sind nicht daran interessiert, sich noch mehr Predigten und Ermahnungen anzuhören. Doch sind sie daran interessiert, etwas über die Liebe zu lernen. Wie kann ich glücklich sein? Wie kann ich leben? Wie kann ich diese herrlichen Dinge entdecken, von denen die Mystiker sprechen? Das alles gehört zum zweiten Punkt: zum Verständnis.

Der dritte: Identifizieren Sie sich mit nichts. Jemand fragte mich vorhin: »Sind Sie denn nie bedrückt?« Und ob ich bedrückt bin. Ich habe oft regelrechte Anfälle von Bedrücktsein, die aber nicht lange anhalten, wirklich nicht. Was mache ich also? Erstens: Ich identifiziere mich nicht damit. Ich spüre, wie mich ein bedrückendes Gefühl befällt. Anstatt nun aber angespannt und nervös zu werden und mich über mich selbst zu ärgern, erkenne ich, dass ich deprimiert bin, enttäuscht, oder was auch immer.

Zweitens gebe ich zu, dieses Gefühl ist in mir und nicht in jemand anderem, zum Beispiel in dem, der mir nicht geschrieben hat. Es ist also nicht in der äußeren Welt, es ist in mir. Denn solange ich meine, es sei außerhalb von mir, fühle ich mich dazu berechtigt, an meinen Gefühlen festzuhalten. Ich kann nicht behaupten, dass alle auf diese Weise fühlen; tatsächlich fühlen nur Narren so, nur Menschen, die schlafen.

Drittens identifiziere ich mich nicht mit dem Gefühl. Das »Ich« ist nicht dieses Gefühl. »Ich« bin nicht einsam, »Ich« bin nicht deprimiert, »Ich« bin nicht enttäuscht. Enttäuschung ist zwar *da*, aber man beobachtet sie. Sie wären überrascht, wie schnell sie sich auflöst. Alles, dessen Sie sich bewusst sind, verändert sich ständig; Wolken ziehen weiter. Während Sie das tun, kommen Sie zu den verschiedensten Einsichten, warum überhaupt Wolken aufzogen.

Ich habe hier ein schönes Zitat, das ich mir in Gold fassen lassen würde, es ist aus A. S. Neills Buch »Summerhill«. Ich muss Ihnen zuerst den Hintergrund erzählen. Vielleicht wissen Sie, dass Neill vierzig Jahre in der Erziehung tätig war. Er entwickelte eine Art Einzelgängerschule, in die er Jungen und Mädchen aufnahm und sie einfach frei sein ließ. Wer Lesen und Schreiben lernen wollte – gut; wer es nicht lernen wollte – auch gut. Jede und jeder kann mit seinem bzw. ihrem Leben alles tun, was er oder sie will, solange nicht die Freiheit von jemand anderem eingeschränkt wird. Vergreifen Sie sich nicht an der Freiheit anderer; im übrigen sind Sie frei.

Neill sagte, dass die Schlimmsten aus Klosterschulen kamen. Das ist natürlich lange her. Etwa sechs Monate dauerte es, um den Ärger und die Ablehnung zu überwinden, die sie unterdrückt hatten. Sie rebellierten volle sechs Monate und bekämpften das System. Am schlimmsten ein Mädchen, die immer ein Fahrrad nahm und in die Stadt fuhr, raus aus der Klasse, raus aus der Schule, raus aus allem. Hatten sie aber einmal ihre Rebellion überwunden, wollten plötzlich alle lernen und protestierten sogar: »Warum haben wir heute keinen Unterricht?« Sie besuchten aber nur die Stunden, für die sie sich interessierten. Sie waren wie umgewandelt. Zuerst hatten die Eltern Angst, ihre Kinder in diese Schule zu schicken und sagten: »Wie können sie erzogen werden, ohne Ordnung zu lernen? Sie müssen angeleitet und geführt werden.«

Was war also das Geheimnis von Neills Erfolg? Die schlimmsten Kinder kamen zu ihm, diejenigen, die alle zur Verzweiflung gebracht hatten, doch in sechs Monaten waren sie wie umgewandelt. Hören Sie, was er sagte – außergewöhnliche Worte, heilige Worte: »Jedes Kind hat einen Gott in sich. Unser Bemühen, das Kind zu formen, wird aus dem Gott einen Teufel machen. Die Kinder kommen in meine Schule, kleine Teufel, die die Welt hassen: sie sind destruktiv, haben keine Manieren, sie lügen, sie stehlen, sind unbeherrscht. Nach sechs Monaten sind sie glückliche, gesunde Kinder, die nichts Böses tun.«

Erstaunliche Worte eines Mannes, dessen Schule in Großbritannien regelmäßig von Leuten aus dem Erziehungsministerium inspiziert wird, von irgendwelchen Schulleitern oder -leiterinnen oder sonstwem, der sich dafür interessiert. Erstaunlich. Es war sein Charisma. So etwas lässt sich nicht nachmachen, dazu bedarf es einer ganz besonderen Veranlagung. In Vorlesungen vor Schulleitern und -leiterinnen sagte er: »Kommen Sie nach Summerhill, und Sie werden sehen, dass die Bäume voller Früchte hängen; niemand pflückt die Früchte; niemand strebt danach, die Autorität anzugreifen; sie sind gut ernährt und kennen keine Ablehnung und keinen Ärger. Kommen Sie nach Summerhill, und Sie werden kein behindertes Kind mit einem Spitznamen finden (Sie wissen, wie grausam Kinder sein können, wenn jemand zum Beispiel stottert). Sie werden niemanden finden, der einen Stotterer hänselt, niemals. In diesen Kindern ist keine Gewalttätigkeit, denn niemand gebraucht Gewalt, das ist alles.«

Bedenken Sie diese vielsagenden Worte, es sind heilige Worte. In unserer Welt gibt es solche Menschen. Egal, was Gelehrte, Priester und Theologen Ihnen sagen: es gab und gibt noch immer Menschen, die nicht streiten, nicht eifersüchtig sind, keine Konflikte haben, keine Kriege, keine Feindschaften, nichts! Es gibt sie in meinem Land, oder, wie ich mit Bedauern sagen muss, gab es sie dort bis vor relativ kurzer Zeit. Freunde aus meinem Orden versicherten mir, dass sie dort mit Menschen zusammengelebt und -gearbeitet hätten, die nicht fähig waren, zu stehlen oder zu lügen. Eine Ordensschwester erzählte mir, dass die Menschen in Nordostindien, wo sie bei einigen Stämmen arbeitete, niemals etwas verschlossen. Nie gab es Diebstahl oder Lügen – bis die indische Regierung und Missionare auftauchten.

Jedes Kind trägt einen Gott in sich; unser Bemühen, das Kind zu formen, wird aus dem Gott einen Teufel machen. – In dem wunderbaren italienischen Film von Federico Fellini mit dem Titel »8$^{1}/_{2}$« kommt eine Szene vor, in der ein Ordensbruder mit einer Gruppe acht- bis zehnjähriger Jungen eine Wanderung oder einen Ausflug machen. Sie sind am Strand, die Jungen laufen voraus, während der Mönch mit dreien oder vieren die Nachhut bildet. Sie begegnen einer älteren Frau, einer Hure, und begrüßen sie: »Hallo«, worauf sie auch »Hallo« ruft. Die Jungen fragen sie: »Wer bist du?« Sie antwortet: »Ich bin eine Prostituierte.« Sie wissen nicht, was das ist, tun aber so, als wüßten sie es. Einer der Jungen, der anscheinend ein bißchen mehr als die anderen weiß, erklärt: »Eine Prostituierte ist eine Frau, die gewisse Dinge tut, wenn man sie dafür bezahlt.« Darauf fragen sie: »Würden Sie diese Dinge tun, wenn wir Sie bezahlen?« »Warum nicht?« Sie sammeln also Geld, geben es ihr und sagen: »Würden

Sie nun gewisse Dinge tun, jetzt haben wir Ihnen ja das Geld gegeben?« Darauf antwortet sie: »Klar, Jungs, was soll ich denn tun?« Das einzige, was den Jungen einfällt, ist, dass sie ihre Kleider ausziehen soll, was sie dann auch tut. Sie schauen sie an; noch nie haben sie eine nackte Frau gesehen. Sie wissen nicht, was sie sonst tun sollen, und so fragen sie: »Würden Sie tanzen?« »Klar.« Also bilden sie einen Kreis um die Frau, singen und klatschen; die Hure wackelt mit den Hüften, und die Jungen lachen und amüsieren sich. Der Bruder sieht, was sich abspielt, rennt den Strand hinunter und brüllt die Frau an. Sie muss ihre Kleider wieder anziehen, und der Erzähler sagt: »Von diesem Augenblick an waren die Kinder verdorben; bis dahin waren sie unschuldig und schön.«

Kein ungewöhnlicher Fall. Ich erinnere mich an einen ziemlich konservativen Missionar in Indien, der eine meiner Arbeitsgruppen besuchte. Als ich dieses Thema zwei Tage lang entwickelte, litt er sichtlich darunter. Am zweiten Abend kam er zu mir und sagte:

Toni, ich kann dir gar nicht sagen, wie sehr ich darunter leide, dir zuzuhören.«

»Wieso denn, Stan?«

»Du lässt in mir eine Frage wieder wach werden, die ich seit fünfundzwanzig Jahren unterdrücke, eine ganz schreckliche Frage. Immer wieder frage ich mich: Habe ich meine Leute nicht dadurch verdorben, dass ich Christen aus ihnen gemacht habe?«

Dieser Pater war nicht gerade einer der Liberalsten, er war ein orthodoxer, ehrfürchtiger, frommer, konservativer Mann. Aber er spürte, dass er glückliche, liebevolle, einfache, arglose Menschen dadurch verdarb, dass er sie zu Christen machte.

Amerikanische Missionare, die mit ihren Frauen auf die Südseeinseln gingen, waren entsetzt, als sie Insulanerinnen mit nackter Brust in die Kirche kommen sahen. Die Frauen der Missionare bestanden darauf, dass die Eingeborenenfrauen anständig gekleidet sein sollten. Also gaben ihnen die Missionare Blusen. Am nächsten Sonntag kamen die Frauen und trugen die Blusen, aber mit zwei großen Löchern auf der Brust, um es luftiger zu haben. Die Frauen hatten recht, die Missionare waren im Unrecht.

Doch wieder zurück zu Neill. Er sagt:»Ich bin kein Genie, ich bin lediglich ein Mann, der sich weigert, die Schritte von Kindern zu lenken.« Aber wie verhält es sich dann mit der Erbsünde? Neill sagt, dass jedes Kind einen Gott in sich hat; unsere Versuche, es zu formen, werden aus dem Gott einen Teufel machen. Er lässt die Kinder ihre eigenen Werte bilden, und diese Werte sind ausnahmslos gut und sozial.

Können Sie das glauben? Wenn ein Kind sich geliebt fühlt (das heißt: wenn das Kind fühlt, dass man auf seiner Seite ist), ist es auch in Ordnung. Das Kind erfährt keine Gewalttätigkeit mehr. Keine Furcht, also auch keine Gewalttätigkeit. Das Kind beginnt, andere so zu behandeln, wie es selbst behandelt wird.

Dieses Buch ist wirklich lesenswert! Es kehrte mein Leben und meine Art, mit Menschen umzugehen, völlig um. Ich begann, Wunder zu sehen. Ich begann, die Unzufriedenheit mit mir selbst, die in mir verwurzelt war, zu erkennen, das Wettbewerbsdenken, die Vergleiche, dieses Das-ist-nicht-gut-Genug usw. Sie könnten dagegenhalten, dass ich nie das geworden wäre, was ich heute bin, wenn ich nicht durch andere dazu gebracht worden wäre. Hatte ich diesen Zwang wirklich nötig? Und überhaupt, wer möchte schon das sein, was ich bin? Ich möchte glücklich sein, ich möchte heilig sein, ich möchte liebevoll sein, ich möchte friedlich sein, ich möchte frei sein, ich möchte menschlich sein.

Wissen Sie, woher Kriege kommen? Sie kommen daher, dass innere Konflikte nach außen projiziert werden. Zeigen Sie mir den Menschen, der keinen inneren Konflikt kennt, und ich zeige Ihnen den Menschen, der keine Gewalttätigkeit kennt. Er wird wirksame, ja sogar harte Tatkraft kennen, doch keinen Haß. Wenn er handelt, dann so wie ein Chirurg, wie liebevolle Lehrer mit geistig behinderten Kindern. Sie machen den Kindern keine Vorwürfe, sondern sie verstehen und handeln. Wenn Sie indessen handeln, während Haß und Gewalttätigkeit noch in Ihnen stecken, so unterstützen Sie den Irrtum. Sie versuchen, das Feuer mit Feuer zu löschen. Sie wollen eine Flut mit Wasser eindämmen.

Ich wiederhole, was Neill sagt: »Jedes Kind hat einen Gott in sich. Unser Bemühen, das Kind zu formen, wird aus dem Gott einen Teufel machen. Kinder kommen in meine Schule, kleine Teufel, die die Welt hassen: Sie sind destruktiv, haben keine Manieren, sie lügen, sie stehlen, sind unbeherrscht. Nach sechs Monaten sind es glückliche, gesunde Kinder, die nichts Böses tun. Ich bin kein Genie, ich bin lediglich ein Mann, der sich weigert, die Schritte von Kindern zu lenken. Ich lasse die Kinder ihre eigenen Werte bilden, und diese Werte sind ausnahmslos gut und sozial. Die Religion, die Menschen gut macht, macht Menschen schlecht, aber die Religion als Freiheit verstanden, macht alle Menschen gut, denn sie schafft den inneren Konflikt ab (das Wort »inneren« habe ich hinzugefügt), der Menschen zu Teufeln macht.« Neill sagt weiter: »Das erste, was ich tue, wenn ein Kind nach Summerhill kommt: ich schaffe sein Gewissen ab.«

Ich nehme an, Sie wissen so gut wie ich, worüber er spricht. Sie brauchen kein Gewissen, wenn Sie Bewusstheit besitzen; Sie brauchen kein Gewissen, wenn Sie Sensibilität besitzen. Sie sind nicht gewalttätig, Sie sind nicht voller Angst. Vielleicht meinen Sie, dies sei ein unerreichbares Ideal. Dann lesen Sie einmal dieses Buch. Ich bin da und dort Menschen begegnet, die plötzlich auf diese Wahrheit gestoßen sind. Die Wurzeln des Bösen liegen in Ihnen.

Sobald Sie dies zu verstehen beginnen, hören Sie auf, Forderungen an sich zu stellen, Erwartungen an sich zu richten, sich selbst zu zwingen. Sie verstehen dann. Ernähren Sie sich gesund, mit guter, natürlicher Nahrung. Dabei meine ich nicht bloß reales Essen, ich spreche von Sonnenuntergängen, von der Natur, von einem guten Film, von einem guten Buch, von Arbeit, die Spass macht, und von guter Gesellschaft. Hoffentlich werden Sie sich dann von Ihren Abhängigkeiten trennen und sich diesen anderen Gefühlen zuwenden.

Was für ein Gefühl erfüllt Sie, wenn Sie die Natur erleben, oder wenn Sie in Arbeit vertieft sind, die Sie lieben? Oder wenn Sie wirklich mit jemand, dessen Gesellschaft Sie lieben, offen und vertraut sprechen, ohne sich anzuklammern? Was für Gefühle haben Sie da? Vergleichen Sie diese Gefühle mit denen, die Sie erfüllen, wenn Sie einen Streit oder ein Rennen gewinnen, wenn Sie geschätzt werden, oder wenn man Ihnen applaudiert.

Diese letztgenannten Gefühle nenne ich weltliche Gefühle; die ersten seelische Gefühle. Viele Menschen gewinnen die Welt und verlieren ihre Seele. Viele Menschen leben ein leeres und seelenloses Leben, weil sie sich selbst von Ansehen; Geltung und Lob ernähren, von »Ich bin in Ordnung, du bist in Ordnung«, seht mich an, beachtet mich, unterstützt mich, schätzt mich, von: der Chef sein, Macht haben, den Konkurrenzkampf gewinnen.

Ernähren auch Sie sich davon? Wenn Sie das tun, sind Sie tot. Sie haben Ihre Seele verloren. Ernähren Sie sich von anderem, Nahrhafterem. Dann werden Sie die Umwandlung erfahren. – Ich habe Ihnen nun ein ganzes Lebensprogramm angeboten, nicht wahr?

Bücher von Anthony de Mello

Auf dem Weg nach Ostern

Meditationen und Weisheitsgeschichten

176 Seiten, Halbleinen – ISBN 3-451-26538-9

In diesem spirituellen und zugleich originellen Begleiter durch alle Tage der Fasten- und Osterzeit finden sich brillante Meditationen, Weisheitsgeschichten und Übungsimpulse, die gleichnishaft die Lebens- und Leidensbotschaft Jesu widerspiegeln.

Mit allen Sinnen meditieren

144 Seiten, gebunden mit Schutzumschlag – ISBN 3-451-26245-2

40 Übungseinheiten für das Beten mit Leib und Seele. Die gelungene Verbindung der Ignatianischen Methode mit neuen Formen des meditativen Betens von einem der großen Weisheitslehrer der Gegenwart.

Die Fesseln lösen

Einübung in erfülltes Leben

7. Aufl. 2000, 160 Seiten, gebunden mit Schutzumschlag – ISBN 3-451-23465-3

»Höre auf, dir selbst und deinem Glück im Wege zu sein!« Anthony de Mello, der Meister der erzählten Spiritualität, gibt neue geistige Impulse und zeigt ganz praktisch, wie sich das Glück üben lässt. Ein unterhaltsames Buch für Menschen, die bewusster leben wollen.

Von Gott berührt

Die Kraft des Gebetes

7. Aufl. 1998, 240 Seiten, gebunden mit Schutzumschlag – ISBN 3-451-22539-5

Hier bringt de Mello seine Erfahrungen mit dem Gebet als Seelsorger und Psychologe ein. Ein verblüffendes und erfrischendes Buch, in dem das Gebet als der Weg zu einem bewussteren, intesiveren und wesentlicheren Leben vorgestellt wird.

HERDER

Wo das Glück zu finden ist

Jahreslesebuch

8. Aufl. 2000, 400 Seiten, gebunden mit Schutzumschlag – ISBN 3-451-23323-1

Eine Auswahl der schönsten Meditationstexte und Geschichten aus dem umfangreichen Gesamtwerk de Mellos, eine Buchseite für jeden Tag des Jahres. Diese Minutenlektüre zeigt, wo das Glück zu finden ist.

Warum der Vogel singt

Weisheitsgeschichten

HERDER spektrum, Band 4893

12. Aufl. 2000, 128 Seiten, Paperback – ISBN 3-451-04893-0

So rätselhaft und unerwartet diese Weisheitsgeschichten oft erscheinen, so weit öffnen sie den Blick für das Wesentliche. Wer bereit ist hinzuhören und aufmerksam zu sein, wird hinter den Worten die Wahrheit entdecken und wie von selbst verändert werden.

Wie ein Fisch im Wasser

Anleitung zum Glücklichsein

HERDER spektrum, Band 4889

5. Aufl. 2000, 128 Seiten, Paperback – ISBN 3-451-04889-2

Weisheit für den Alltag: Wer die Quelle der Herzensenergie entdeckt, fängt an, neu zu leben. Verblüffend einfach, wunderbar weise, erfrischend humorvoll präsentiert sich diese Einladung zum Glücklichsein.

Gib deiner Seele Zeit

Inspirationen für jeden Tag

HERDER spektrum, Band 4984

224 Seiten, Paperback – ISBN 3-451-04984-8

Abschalten von der täglichen Hektik und die Seele nachkommen lassen. Sich ganz bewusst Zeit nehmen für das Wesentliche: Kurze, inspirierende Texte, die nach innen führen und jedem Tag mehr Tiefe und mehr Leben geben.

HERDER

Eine Minute Weisheit

HERDER spektrum, Band 4985

128 Seiten, Paperback — ISBN 3-451-04985-6

In kurzen Geschichten und pointierten Erzählungen versammelt ein Meister die Weisheit der Welt. Es sind überraschende Texte, die hellhörig machen für das Wesentliche, für Glück und Gelassenheit.

Eine Minute Unsinn

Weisheitsgeschichten

HERDER spektrum, Band 4379

6. Aufl. 1999, 224 Seiten, Paperback — ISBN 3-451-04379-3

Die Leichtigkeit des Seins ist es, zu der de Mellos geschliffene Skizzen einladen. Weisheit gehört zur Lust, Witz zur Erkenntnis, Schönheit zur Einsicht, Ungereimtheit zum Leben.

Warum der Schäfer jedes Wetter liebt

Weisheitsgeschichten

HERDER spektrum, Band 4523

192 Seiten, Paperback — ISBN 3-451-04523-0

Geschichten voller Weisheit und Humor – Selbsterkenntnis, die mit Lachen einhergeht. Ohne Aufhebens erzählt er vom Wesentlichen und trifft damit das Herz.

Wer bringt das Pferd zum Fliegen?

Weisheitsgeschichten

HERDER spektrum, Band 4963

7. Aufl. 2000, 176 Seiten, Paperback — ISBN 3-451-04963-5

Pointiert, anschaulich und voll Humor sind die kleinen Geschichten und funkelnden Aphorismen, mit denen der indische Weisheitslehrer die ganz großen Lebensthemen berührt: Wahrheit, Erziehung, Spiritualität, die menschliche Natur.

HERDER

Mit Leib und Seele meditieren

HERDER spektrum, Band 5017

192 Seiten, Paperback – ISBN 3-451-05017-X

De Mello verbindet die indischen Traditionen des Buddhismus mit spirituellen Übungen des Abendlandes. Ein Buch für die Sinnsuche, eine praktische Anleitung zur Meditation.

Zeiten des Glücks

Herder spektrum, Band 5052

9. Aufl. 2000, 192 Seiten, Paperback – ISBN 3-451-05052-8

Die schönsten Texte de Mellos, die aufmerksam machen auf die tieferen Möglichkeiten des Alltags. Geschichten, die die Herzen verwandeln.

DIE BIOGRAPHIE ÜBER ANTHONY DE MELLO

JOHN CALLANAN
Anthony de Mello

Der Mann, der das Pferd zum Fliegen brachte

160 Seiten, gebunden mit Schutzumschlag – ISBN 3-451-26866-3

»Anthony de Mello hinterließ bei sehr vielen Menschen einen ungewöhnlich tiefen Eindruck. Auch heute strahlt sein Stern noch weiterhin. Mehr und mehr Leser scheinen durch seine Worte, seine Spiritualität und sein Lebenswissen inspiriert zu werden«. (John Callanan)

HERDER